NÉCESSITÉ

DE

L'ORGANISATION DU TRAVAIL.

NÉCESSITÉ

DE

L'ORGANISATION DU TRAVAIL

ET

POSSIBILITÉ

DES

ASSOCIATIONS INDUSTRIELLES,

COUSIN-VESSERON aîné, ouvrier chaudronnier.

« Allons, allons, amis, séchons le vieil ulcère,
» Ayons assez d'esprit enfin pour nous aimer :
» Chacun pour soi, c'est vieux, vieux comme l'adul-
» Dire que Dieu nous a taillés pour la misère, [tère.
» C'est parler en niais ou bien c'est blasphémer. »

Antony Méray.

CHARLEVILLE,
Typographie de Jules HUART.

1848.

AVANT-PROPOS.

« Que la France soit une un instant,
» elle est forte comme le monde. »

MICHELET.

La République, en adoptant pour devise *liberté*, *égalité*, *fraternité*, s'est imposé l'obligation de détruire, autant qu'il appartient à notre siècle de le faire, l'odieux système d'inégalité qui sépare encore les hommes en deux classes.

En rendant au peuple l'exercice complet de sa souveraineté, elle a accompli un devoir devant lequel avait reculé la trop prudente timidité des gouvernemens précédens ; à compter de ce jour, il n'y eut plus d'ilots politiques, le prolétariat fut aboli de droit et une bourgeoisie universelle fut créée en France. La révolution politique était accomplie.

Le gouvernement a-t-il assez fait ? Le peuple n'a-t-il plus rien à attendre des ses législateurs? Est-il placé dans les vraies conditions de sa nature ?

Nous ne le pensons pas, l'Assemblée nationale ne le pense pas non plus. Elle sait que, mandataire du peuple, elle a envers lui de grands devoirs à remplir, et que tant que justice n'aura pas été faite, sa mission ne sera pas accomplie.

Au nombre de ses devoirs, le plus pressant et le plus difficile est celui de l'émancipation des travailleurs, grand, obscur et difficile problème, à la solution duquel se sont déjà usés bien des penseurs et des intelligences, œuvre compliquée, liée à une infinité de questions, qui peut déranger beaucoup d'habitudes et qui, si elle n'était indispensable, devrait peut être être rangée au rang des paradoxes; mais sa nécessité, bien sentie de tous les hommes sérieux, exige le concours immédiat de toutes les lumières; nul ne possède à lui seul les moyens de la résoudre; il est impossible d'y arriver sans une série d'efforts partiels.

Tous, riches ou pauvres, éclairés ou ignorans, possesseurs ou déshérités, nous sommes intéressés à faire cesser l'antagonisme fatal qui entraîne la société française vers la ruine.

Attaquons avec courage et persévérance l'étude de cette question délicate.

Réunissons nos efforts, cherchons les moyens d'arriver en faisant converger toutes les forces vers un même but, à la grande unité sociale, à la Fraternité de tous les français, de tous les hommes !

Regardons attentivement autour de nous, la situation est critique, le péril est imminent.

La misère inexorable et livide étreint, de ses mains décharnées, le peuple des travailleurs : il a faim, et la faim est la mère du désespoir et du crime. Les ressources employées ordinairement contre elle seraient aujourd'hui insuffisantes ; il faut aujourd'hui pour la détruire, entrer franchement dans la voie des réformes sociales commandées par la justice et l'équité.

Les révolutions politiques sont désormais sans but, puisque le peuple est en pleine puissance de tous ses droits. A cette cause de troubles maintenant sans puissance, ne laissons pas substituer celle qu'enfanterait infailliblement son besoin de bien-être et d'émancipation totale.

Pendant qu'il en est temps encore, réglons le mouvement afin qu'il ne nous entraîne pas ; tous les hommes y sont intéressés, et pour le faire ce n'est pas trop du concours de tous les hommes.

> Ne serait-il pas temps que l'ouvrier que l'on connaît si peu et que l'on ne cherche point à connaître, se révélât à nous, et dit : me voilà !
>
> Maître PIERRE.

Hélas ! j'ai parcouru la terre, j'ai visité les campagnes et les villes, en voyant partout la misère et la désolation ; le sentiment des maux qui tourmentent mes semblables a profondément affligé mon âme, et je me suis dit en soupirant : L'homme n'est-il donc créé que pour l'angoisse et la douleur ? Le malheur qui pèse sur l'humanité n'aura-t-il jamais de fin, et la vie pour une foule d'infortunés n'a-t-elle d'autre but que la souffrance ? Le siècle présent et les siècles futurs souscriront-ils toujours à cette iniquité qui conteste à la plus grande partie du genre humain jusqu'à l'air qu'elle respire ? La fraternité ne sera-t-elle jamais qu'un mot, et les enfans d'une même famille ne s'aimeront-ils jamais les uns les autres ? L'égoïsme aggravera-t-il longtemps encore le fardeau déjà si lourd des misères du peuple ?

L'orgueil, la cupidité, l'amour de soi poussé à l'excès ont entraîné l'homme hors des voies que lui avait tracées la nature ; il sortit bon des mains de son créateur, mais sa malice a gâté l'œuvre de Dieu.

Si l'homme en naissant est assujetti à plusieurs maux inévitables, la nature juste et bienfaisante a tempéré ces maux par des biens équivalens; elle lui a donné le pouvoir d'augmenter les uns et d'alléger les autres.

La paix et le bonheur descendent sur celui qui pratique la justice.

Cherchez donc, ô hommes ! à connaître votre nature et les lois qui vous régissent. Comprenez les êtres qui vous environnent, et vous connaîtrez les auteurs de vos destinées ; vous saurez quelles sont les causes de vos maux, et quels peuvent en être les remèdes.

L'homme fut toujours l'artisan de son sort ; il créa tour à tour les revers et les succès de sa fortune. S'il a quelque fois lieu de gémir de sa faiblesse et de son imprudence, il a peut-être encore plus le droit de s'énorgueillir, en considérant de quel principe il est parti et à quel point il a su s'élever.

D'abord esclave de ses besoins, ils suscitèrent son industrie; l'instinct de la conservation lui apprit à combattre le péril ; il distingua les plantes utiles des nuisibles, combattit les élémens, s'instruisit à saisir une proie : il défendit sa vie et il allégea sa misère.

Ainsi, l'amour de soi, l'aversion de la douleur, le désir du bien-être furent ses premiers instituteurs ; il a le droit de se dire : C'est moi qui ai produit les biens qui m'environnent ! c'est moi qui suis l'artisan de mon bonheur !

Car l'homme était heureux dans sa simplicité.

Mais du plaisir de jouir naquit le besoin

d'une jouissance plus grande : l'homme, réuni en société, d'abord par une pensée de besoin commun, voulut exploiter la société générale au profit de l'individu, et l'intérêt d'un seul ne fut plus l'intérêt de tous.

Le luxe et la cupidité avaient tout envahi, et l'homme perdit l'innocence et la paix, car la simplicité de mœurs fut bannie de la terre.

O douce vertu de la simplicité de mœurs ! par toi l'homme a peu de besoins et vit de peu. Il s'affranchit tout à coup d'une foule de misères, d'embarras, de travaux; il évite une foule de querelles et de contestations qui naissent de l'avidité et du désir d'acquérir, il s'épargne les soucis de l'ambition, les inquiétudes de la possession et les regrets de la perte; trouvant partout du superflu, il est véritablement riche, toujours content de ce qu'il a, il est heureux à peu de frais.

Et si cette vertu s'étend à tout un peuple, il assure, par elle, l'abondance; riche de tout ce qu'il ne consomme point, il acquiert d'immenses moyens d'échange et de commerce, il travaille, fabrique, vend à meilleur marché que les autres, il atteint à tous les genres de prospérité au dedans et au dehors.

Du luxe, au contraire, naquit une grande partie des maux qui désolent les sociétés.

Cupidité et luxe : deux vices inhérants qui embrassent avec eux tous les autres vices.

Car l'homme qui s'impose le besoin de beaucoup de choses, s'impose par là même tous les soucis, et se soumet à tous les moyens justes ou injustes de les acquérir. A-t-il une jouissance, il en désire une autre, et au sein du superflu il n'est jamais riche. Un logement commode ne lui suffit plus, il lui faut un hôtel superbe ; il n'est pas content d'une table abondante, il lui faut des mets rares et coûteux ; il lui faut des ameublemens fastueux, des vêtemens dispendieux, un attirail de laquais, des esclaves, des voitures, des femmes, des spectacles et des jeux. Or, pour fournir à tant de dépenses, il lui faut beaucoup d'argent, et pour se le procurer, tous moyens lui semblent bons et même nécessaires. Il emprunte d'abord, puis il dérobe, pille, vole, fait banqueroute, est en guerre avec tout le monde, ruine et est ruiné.

Si le luxe s'applique à toute une nation, il y produit en grand les mêmes ravages. Par cela même qu'elle consomme tous ses produits, elle se trouve pauvre avec l'abondance; elle n'a rien à vendre à l'étranger; elle manufacture à grands frais, vend cher et se rend tributaire de tout ce qu'elle retire, elle attaque au dehors sa considération, sa puissance, sa force, ses moyens de défense et de conservation, tandis qu'au dedans elle se mine et tombe dans la dissolution de ses membres.

Tous les citoyens étant avides de jouissances, se mettent dans une lutte violente pour se les procurer ; tous se nuisent ou sont prêts à se nuire ; de là des actions ou des habitudes usurpatrices, qui composent ce qu'on appelle corruption morale, guerre intestine de citoyens à citoyens. Du luxe naît l'avidité, de l'avidité l'invasion par violence, l'esclavage et la mauvaise foi. Du luxe naît l'iniquité du juge et la vénalité du témoin, l'improbité de l'époux, la prostitution de la femme, la dureté des parens, l'ingratitude des enfans, l'avarice du maître, le pillage du serviteur, le brigandage de l'administrateur, la perversité du législateur, le mensonge, la perfidie, le parjure, l'assassinat, et tous les désordres de l'état social. En sorte que c'est avec un sens profond de vérité que les anciens moralistes ont posé la base des vertus sociales, sur la simplicité de mœurs, la restriction des besoins, le contentement de peu, et l'on peut prendre pour mesure certaine des vertus ou des vices d'un homme, la mesure de ses dépenses proportionnée à son revenu, et calculer sur ses besoins d'argent sa probité, son intégrité à remplir ses engagemens, son dévouement à la chose publique et son amour sincère ou faux de la patrie.

Ainsi le luxe, le besoin de posséder amenèrent parmi les hommes la misère et l'esclavage; l'humanité fut partagée en deux catégories, celle des travailleurs et celle des non travailleurs. La première, ravalée par des lois abominables à la condition des bêtes de somme; et la seconde, exerçant sur l'autre l'impitoyable office de gardes chiourmes.

Au luxe oriental, il faut pour la jouissance de quelques-uns, l'oppression, l'esclavage et la misère d'une foule ignorante et stupide, à qui, pour justifier tant de cruautés, on enseigne le dogme de la fatalité.

Car la fatalité est le préjugé universel et enraciné des Orientaux; *Cela était écrit*, est leur réponse à tout. De là leur apathie et leur négligeance, obstacles radicaux à toute instruction et à toute civilisation. L'ignorance se dit : Tout vient de Dieu ! il se plait à tromper la sagesse et à confondre la raison des hommes. Pourquoi donc nous tourmenter ? pourquoi nous occuper et de la science qui nous fatigue, et de la prudence inutile ? A tous revers nous dirons : *Cela était écrit !*

Et la cupidité a ajouté : ainsi j'opprimerai le faible et je dévorerai le fruit de ses peines, et je lui dirai : *C'est Dieu qui l'a décrété ! c'est le sort qui l'a voulu !*

Mais le Dieu qui a peuplé l'air d'oiseaux, la terre d'animaux, l'onde de reptiles; le Dieu qui anime la nature entière a donné à tous les êtres l'instinct de la conservation ; — il avait aussi écrit dans le cœur de l'homme les préceptes de la loi naturelle et, poussé en avant par l'inévitable loi du progrès, il regarda autour de lui, et se dit : — Tous nos maux viennent de nous. — Dieu, en nous créant, nous donna à tous les mêmes besoins avec les mêmes facultés ; — soyons justes et modérés, — vivons pour les autres, afin que les autres vivent pour nous.

Tel est le caractère des vertus sociales ; — l'homme qui les pratique a le droit de réciprocité sur tous ceux à qui elles ont profité. — En faisant du bien à autrui, nous avons le droit d'en attendre l'échange, l'équivalent. — Lorsque nous nuisons à autrui, nous lui donnons le droit de nous nuire à son tour.

Nul n'a le droit de jouir du bien et du travail d'autrui, sans rendre un équivalent de son propre travail; ainsi le veut la probité, qui n'est donc autre chose que le respect de ses propres droits dans les droits d'autrui, — respect fondé sur un calcul prudent et bien combiné de ses intérêts comparés à ceux des autres, — science délicate et difficile, où l'honnête homme est juge dans sa propre cause.

La liberté n'existe que par la justice, ne s'obtient que par la soumission aux lois, et ne se conserve que par l'observation de ses devoirs.

La stricte justice se borne à dire : ne fais pas à autrui le mal que tu ne voudrais pas qu'il te fît. — La fraternité a pour précepte : fais aux autres tout le bien que tu voudrais en recevoir.

Dans l'état social, dans le gouvernement des hommes, qu'est-ce que le juste ou l'injuste ? — Le juste est : 1° de maintenir ou de rendre à chaque individu ce qui lui appartient, d'abord la vie, qu'il tient de Dieu; 2° l'usage de ses sens et de ses facultés qu'il tient du même pouvoir; 3° la jouissance du fruit de son travail, en tout ce qui ne blesse pas ces mêmes droits en autrui, car s'il les blesse, il y a injustice, c'est-à-dire rupture d'égalité ou d'équilibre d'homme à homme : — plus il y a de lésés, plus il y a d'injustice; par conséquent, si, comme il est de fait, ce qu'on appelle le peuple compose l'immense majorité d'une nation, c'est l'intérêt et le bien être de cette majorité qui constitue la justice. — Ainsi la vérité se trouve dans l'axiôme qui dit : le salut du peuple, voilà la légitimité.

Le salut du peuple est donc la loi suprême ! L'art est de le connaître et de l'effectuer.

L'idée de justice comporte essentiellement celle d'égalité.

La liberté elle même bien analysée, n'est encore que la justice. — Si un homme, parce qu'il est libre, en attaque un autre, celui-ci, par le même droit de liberté, peut et doit le repousser : le droit de l'un est égal au droit de l'autre, la force peut rompre cet équilibre, mais elle devient injustice et tyrannie de la part du plus bas démocrate, comme du plus haut potentat.

La liberté, l'égalité, la fraternité, sont donc des droits et des devoirs communs à tous les hommes assemblés en société et vivant sous la protection bienfaisante de la patrie.

Car la patrie c'est la communauté des citoyens, qui, réunis par des sentimens fraternels et des besoins réciproques, font, de leur force respective, une force collective ou commune dont la réaction, sur chacun d'eux, prend le caractère conservateur et bienfaisant de la paternité.

Dans la société, les citoyens forment une banque d'intérêts, dans la patrie ils forment une famille de doux attachemens. — C'est la charité, l'amour du prochain étendus à toute une nation : — comme la charité ne peut s'isoler de la justice, nul membre de la famille ne peut prétendre à la jouissance de ces avantages que dans la proportion de ses travaux. S'il consomme plus qu'il ne produit, il empiéte nécessairement sur autrui, et ce n'est qu'autant qu'il consomme moins qu'il ne produit ou qu'il ne possède, qu'il acquiert des moyens de sacrifice ou de générosité qui constituent la vertu.

« Remplir tous ses devoirs, craindre et fuir tous les [vices
» N'est pas encore assez pour le bon citoyen ;
» En faisant ce qu'on doit on est homme de bien,
» Mais on n'est généreux que par les sacrifices. »

> Planton demandait, il y a vingt-deux siècles, que l'organisation du travail fut réalisée à l'aide d'associations libres.
>
> FRANCIS LACOMBE.

L'antagonisme fatal qui sépare la société en deux classes, remonte en quelque sorte à l'origine des sociétés; de tout temps il y a eu des maîtres et des esclaves. — Les premiers absorbant tout, priviléges et bénéfices, s'identifiant avec la terre, étaient, par conséquent, adhérans à toutes les institutions. A eux tout, jouissances et possessions, famille et propriété, patrie et tradition. — Les esclaves, au contraire, ne tenaient à rien; toutes les législations étaient stériles pour eux; — pour eux point de mariage, point de religion, point de cité ; — leur personnalité se trouvait anéantie dans celle de leurs maîtres ; — pour eux point de patrie, partant point de propriété ; — sans famille, ne pouvant se posséder eux-mêmes, ils n'avaient ni berceau ni tombe, ni héritage, ni tradition :— toutes ces choses constituaient le patriciat. — Les patriciens avaient dit aux esclaves : Vous êtes fils des hommes, et nous, au contraire, nous sommes fils de Dieux ! — et ce dualisme affreux tint pendant plusieurs siècles l'humanité captive.

« Enfin le Christ vint dire aux hommes qu'ils » avaient tous été portés dans les mêmes flancs, » et que les fleuves des peuples sortaient tous » de la même source ; — et soudain il se fit dans » le monde moral comme une seconde création. »

L'organisation du travail changea de forme, car le christianisme avait relevé la dignité morale de l'homme et délivré les classes ouvrières de l'injuste réprobation qui pesait sur elles. — Le serf du moyen-âge remplaça l'esclave des temps antérieurs.

Le progrès humain, promulgué en vertu de la rédemption divine, fit passer les peuples de l'état de l'esclavage à celui de serf, ensuite du servage au prolétariat.

Et le travail fut constitué en famille par corporations. Le prévôt des marchands, désigné par un vote universel, gouvernait à la fois tous les arts et tous les métiers.

Avant St-Louis, toutes les communautés d'arts et métiers avaient leurs réglemens dictés par l'esprit de fraternité ; mais ces réglemens non

écrits succombèrent plusieurs fois sous la dépravation universelle des mœurs.

Etienne Boileau les recueillit tous; on les conserva sous le titre de *Livre des Métiers* et le travail fut encore une fois organisé.

« Et sous cette nouvelle constitution, dit L. » Blanc, une passion, qui n'est plus aujourd'hui » dans les mœurs ni dans les choses publiques, » rapprochait alors les conditions et les hom- » mes : la charité. L'Eglise était le centre de » tout; autour d'elle et à son ombre s'asseyait » l'enfance des industries. Ainsi l'esprit de cha- » rité avait pénétré au fond de cette société » naïve. On ne connaissait point alors cette fé- » brile ardeur du gain qui enfante quelquefois » des prodiges, et l'industrie n'avait point cet » éclat, cette puissance qui, aujourd'hui, éblouis- » sent; mais du moins la vie du travailleur n'é- » tait point troublée par d'amères jalousies, par » le besoin de haïr ses semblables, par l'impi- » toyable désir de le ruiner en le dépassant. »

Mais cet esprit de fraternité se perdit peu à peu, les maîtrises devinrent héréditaires et la corruption fut provoquée au sein des corporations et des jurandes par la féodalité et le privilége, par les frais du droit royal et du banquet de réception que l'on payait aux maîtres en entrant dans la maîtrise.

Les ordonnances royales et les édits tyranniques qui se succédèrent sous les différens règnes, firent dégénérer cette constitution du travail, d'abord fondée sur le principe de liberté et de fraternité, en un principe de la plus odieuse tyrannie. Alors arriva la révolution de 89.

La Convention nationale proclama, le 30 décembre 1791, cette maxime trop fatalement célèbre : « Laissez faire et laissez passez. » En accordant la liberté illimitée du commerce, elle imposa à la société des travailleurs et des producteurs un joug meurtrier. Au lieu de la liberté, elle leur donna l'anarchie, car elle est au régime social actuel ce que serait la liberté à l'état sauvage, c'est-à-dire une abominable oppression.

Elle a, par la contagion d'une concurrence déréglée et ruineuse, créé les mille souffrances qui pèsent sur le peuple et la concentration toujours croissante de la fortune publique aux mains de quelques-uns.

Non seulement ce n'est point la liberté, mais elle s'oppose à toute espèce de liberté.

Entre celui qui spécule pour s'enrichir, possédant déjà sol, numéraire, crédit, et celui qui travaille pour ne pas mourir de faim, la liberté de transaction n'est qu'une chimère. Pour le premier, elle existe, sans doute, et même avec la facilité de l'abus ; mais pour le second, il a la liberté de choisir entre le travail, tel qu'on le lui offre, ou la faim.

Est-il libre de s'instruire et de développer son intelligence, l'ouvrier qui, comme il le dit lui-même, quand *l'ouvrage va bien*, travaille 13, 14 ou même 15 heures sur 24, pour vivre et s'acquitter des dettes qu'il a contractées pendant la mauvaise saison, et que le premier chômage retrouvera sans défense contre la faim, le froid et l'ignorance?

Mais, nous dira-t-on, le pauvre a le droit d'améliorer sa position. Il en a le droit, donnez-lui en donc le pouvoir; que lui importe ce droit que vous lui avez accordé, s'il est réduit à ne pouvoir dépendre ni de sa sagesse ni de sa prévoyance, mais des désordres qu'enfante la concurrence, d'une faillite lointaine, d'une commande qui cesse, d'une panique industrielle ou d'un chômage? Non, la liberté ne consiste pas dans le droit, mais dans le pouvoir qu'a chaque individu de développer et d'exercer ses facultés avec justice et sous l'empire de la loi.

Il est reconnu que, jusqu'à ce jour, l'ouvrier qui apporte dans l'œuvre de la production son intelligence, ses bras, son être tout entier, n'a retiré de cet apport que les moyens de vivre misérablement, au jour le jour, tandis que celui qui n'y a concouru que par le prêt d'un capital, en a recueilli presque tous les bénéfices. Verrons-nous toujours durer l'odieux dualisme entre l'homme libre et l'homme esclave, entre ceux qui possèdent et ceux qui ne recueillent en naissant que l'héritage du mal?

L'ouvrier de nos jours a remplacé l'esclave des temps antiques et le serf du moyen-âge; il a de plus qu'eux le droit, que lui a donné l'inévitable loi du progrès, de se développer et de vivre. Mais ce droit est-il bien réel au milieu des turpitudes sans nombre qui se sont introduites dans notre système industriel? N'est-il pas plutôt un mirage trompeur dont on berce le travailleur pour lui faire prendre patience?

On lui dit : la richesse c'est le travail; au plus adroit, au plus patient, au plus intelligent la palme; à celui-là le droit de se produire qui se montrera le plus courageux et le plus probe.

Eh bien ! qu'un ouvrier cherche à sortir de sa sphère, tous ceux qui, plus heureux, sont déjà en possession du terrain dans lequel il veut se frayer une route, s'unissent pour le repousser violemment dans la position d'où il cherche à sortir. Ils sont déjà assez nombreux pour se disputer le terrain dans une lutte acharnée que rien ne justifie.

Le mal est dans la société, sans doute; mais ce mal tient-il à des causes qu'il soit impossible de détruire ? La société française semble depuis quelque temps s'être transformée; mais cette transformation n'est-elle pas plus apparente que réelle ? En vérité, si quelque chose nous doit rassurer, c'est la nature même du mal, sa généralité, son excès. Nous avons contracté le goût des petites affaires, mais voyez comme nous y sommes malhabiles !... L'industrialisme, qui a enrichi les Hollandais, qui a fait de l'Angleterre la plus grande nation commerciale du globe, qui a livré le Nouveau-Monde au peuple de Washington, l'industrialisme ne nous dégrade pas seulement, il nous ruine; il n'enlève pas seulement à nos frères pauvres tout moyen de vivre, il enlève à nos frères riches toute sécurité, c'est-à-dire tout moyen d'être heureux.

Qu'on nous montre une seule classe qui ose, aujourd'hui, se féliciter de ses succès, croire au bonheur, compter sur ses forces, envisager l'avenir sans défiance ou sans épouvante? Partout c'est le désordre; la guerre a éclaté entre tous les intérêts : guerre atroce, guerre insensée, qui, pour un triomphateur, fait des milliers de victimes. Or, dans cette anarchie universelle, dans cette immense instabilité de toutes les positions, dans cet incontestable malaise de toutes les classes, n'apercevez-vous pas la preuve que nous sommes dans un régime transitoire, et que la France, au sein de l'ordre social actuel, vit d'une vie factice sans rapport avec son génie? Mais, grâce au ciel, là est son salut; ses mœurs sont moins mauvaises que ses institutions, et ce n'est pas encore dans ses entrailles qu'elle porte sa blessure.

La société doit à chacun des membres l'instruction, sans laquelle l'esprit humain ne peut se déployer, et les instrumens de travail, sans lesquels l'activité humaine ne peut se donner carrière. Cette dette de la société ne peut être acquittée que par l'Etat; nous voulons un gouvernement fort, afin qu'il puisse faire cesser le régime d'inégalité qui nous écrase au nom de la liberté, un gouvernement qui accorde le crédit à ceux à qui il manque et qui cependant en ont le plus besoin, afin qu'à l'avenir la liberté ne soit plus un mensonge et afin de faire cesser toute espèce de motif de troubles et de bouleversemens.

Faut-il s'étonner si des hommes, pour qui le passé et le présent n'ont que des souvenirs d'amertume ou une réalité de souffrance, jettent vers tout nouveau soleil un regard d'impatience et d'espoir ; après tout, l'ouvrier n'a rien à perdre, son sort ne saurait être pire ; s'il ne désire pas les bouleversemens, il ne les craint pas non plus, puisqu'à chaque catastrophe il peut espérer voir cesser l'intolérable état de choses dont il est la victime et se voir débarrasser du fardeau de misère qui depuis si longtemps pèse sur lui.

L'avenir est tout pour lui. Aussi qui n'a vu avec quel enthousiasme et quelle allégresse il a salué l'avènement de la République, lui qui depuis si longtemps était courbé sous le poids du malheur ? Son âme enfin se relève ; il commence à s'estimer avec justice, car il a fait un pas dans l'avenir ; d'îlot politique, de paria qu'il était, il est maintenant devenu lui ; il peut exprimer sa volonté et il a le droit de demander qu'elle soit respectée. Investi de tous ses droits politiques, il a reconquis sa part dans le pouvoir collectif de la souveraineté ; il peut aujourd'hui dire à ses mandataires : Venez-nous en aide, vous qui émanez de nous ; nous vous avons confié le dépôt de notre autorité afin que vous vous occupiez de nous, de notre bien-être. Remplissez votre mandat ; faites qu'en possédant, nous ayons intérêt à conserver ; notre caractère s'adoucira ; notre famille en deviendra plus affectionnée et plus heureuse. Voulez-vous faire cesser parmi nous toutes causes de troubles ? faites que le travailleur goûte les bienfaits de l'ordre général, qu'il s'en affectionne et en sente la nécessité. Voulez-vous qu'il soit le plus ferme défenseur de la propriété? faites qu'il devienne membre actif de la société en devenant propriétaire; vous aurez augmenté ses liens de famille, en lui assurant les moyens de soutenir, d'élever et de placer ses enfans. Faites entrevoir aux ouvriers un avenir plus heureux et vous en ferez des hommes attachés à leur pays, disposés à remplir tous les devoirs de bons citoyens. Etant eux-mêmes associés aux chances de la fortune nationale, leur intérêt vous sera un gage de sécurité, puisqu'ils éprouveront le besoin de respecter et de faire respecter la tranquillité publique qui en est la première garantie.

Et vous aurez fait justice, car il est temps que le peuple recueille le fruit de sa longanimité. Dans les ateliers, dans les camps comme à la charrue, c'est toujours le même courage et la même résignation :

Ouvrier, sa vie est dévorée par les rudes travaux de l'industrie qui tuent plus d'hommes que la guerre.

Soldat, il verse son sang avec calme, presqu'avec joie; la patrie a tout son cœur.

Laboureur, il se bat sans paix ni trève avec la terre; il laisse une goutte de sueur au bout de chaque brin d'herbe.

Et c'est de lui qu'il est dit dans l'Evangile :

« Les renards ont leurs tanières, les oiseaux » du ciel trouvent leur pâture, et le fils de » l'homme n'a pas une pierre où il puisse reposer sa tête. »

« C'est assez vescu en ténèbres !
» Acquérir fault l'intelligence
» Des bons autheurs, les plus célèbres
» Qui soyent en tout art et science. »

DOLET, ESTIENNE.

« Tout est combiné dans l'ordre social actuel » de manière à mettre les classes ouvrières à la » merci des fabricans, et les fabricans eux-mê» mes à la merci des agioteurs ; de sorte que » tout le poids de ces tyrannies retombe en » définitive sur le malheureux prolétaire. L'hu» manité et les mœurs publiques réclament avec » une égale force contre le régime intérieur de » la plupart des ateliers. Des populations entas» sées, sans distinction d'âge ni de sexe, y res» pirent un air méphytique, courbées pendant la » journée entière, quelquefois même pendant » la nuit, sous le poids d'un travail pénible et » mal rétribué. Le temps approche où les con» tre-maîtres, armés d'un fouet, comme en An» gleterre, pourront traiter en vrais esclaves » nos populations d'ouvriers et les ravaler à la » condition des populations de la Chine et de » l'Indoustan, si toutefois, ce qu'à Dieu ne plai» se, ces populations, poussées à bout par la » souffrance, ne brisent par un effort soudain » les chaînes qui les enlacent, et ne demandent » compte à la société des torts du législateur. »

Ferdinand BÉCHARD.

(*Essai sur la Centralisation.*)

Il n'y a rien à changer à ce tableau ; aussi l'avons-nous transcrit tout entier. Voilà donc où nous mène un ordre social qui porte dans son sein un tel besoin de révolte, qui excite tant de haine dans les âmes. N'a-t-il pas déjà pu faire oublier à des milliers de malheureux que si la colère châtie quelquefois le mal, elle est toujours impuissante à produire le bien ; qu'une impatience aveugle et farouche ne peut qu'entasser des ruines, sous lesquelles peuvent succomber, étouffées dans leurs germes, les semences de liberté et de fraternité.

Qu'ils sont coupables, ces hommes qui n'ont pas craint, en entraînant ces malheureux, d'exploiter au profit de leur ambition ce qu'il y a de plus sacré au monde, de plus respectable parmi les hommes : la souffrance et le malheur !

Oh ! c'est une infâmie ; ils ont osé couvrir le sol de la patrie de sang et de larmes pour faire triompher leurs prétentions impossibles. Qu'ils soient maudits et que le sang versé retombe sur leurs têtes !

Mais, aussi, grâce et pitié pour ceux qu'ils ont entraînés ; ils étaient plus égarés que coupables. Lassés de toujours souffrir, ils avaient entrevu l'horizon d'un ciel plus doux ; dans leur esprit, la vie avait dépouillé une grande partie de son amertume ; la crainte de perdre cet avenir consolant, l'espoir, fondé sur les trompeuses promesses des ambitieux, d'entrer immédiatement en jouissance des bienfaits qui ne peuvent s'acquérir que par le temps et la patience ; tout se réunit pour entraîner ces hommes, jusque-là si résignés, à se croire autorisés de recourir à la force brutale pour obtenir ce qu'ils ne devaient attendre que de la justice.

Plus éclairés, ils eussent été plus patiens; moins circonvenus, ils se seraient demandé: Après tout, quels sont et que valent ces hommes qui cherchent à se produire sur la scène politique? Qu'ont-ils fait qui puisse nous inspirer assez de confiance pour leur livrer le soin de notre avenir? Pouvons-nous les croire capables de faire ce que n'a pu faire Napoléon, tout Napoléon qu'il était? Voyons, qu'ont-ils à nous offrir en échange de ce qu'ils ont la prétention de nous ravir?

Si les hommes, entraînés dans ces luttes fratricides, avaient été capables de se faire ces questions, sans doute ils se seraient tenus en garde contre tous conseils perfides; s'ils avaient compris que leur bien-être à venir était une conséquence nécessaire des institutions vraiment démocratiques et fraternelles, ils n'eussent pas voulu compromettre, par une sauvage barbarie, l'avenir de la République.

O vous! législateurs qu'anime le saint amour de l'humanité, si vous voulez qu'à l'avenir ces scènes de deuil ne se renouvellent plus, pensez aux travailleurs, occupez-vous sans cesse de leur sort; la position que leur a faite le milieu dans lequel nous vivons est intolérable, et l'ouvrier est homme enfin et, à ce titre, il a besoin de chercher un morceau de pain et une place au soleil, quitte à les disputer contre tous.

Ne cherchez pas ailleurs les causes de son profond désespoir. Rappelez-vous la définition qu'a faite des travailleurs un économiste moderne :

« Un ouvrier, dit-il, n'est autre chose qu'un
» *capital fixe*, accumulé par le pays qui l'a entre-
» tenu tout le temps nécessaire à son appren-
» tissage et à l'entier développement de ses
» forces. Par rapport à la production de la ri-
» chesse, on doit le considérer comme une *ma-*
» *chine* à la construction de laquelle on a em-
» ployé un capital qui commence à être rem-
» boursé et à payer intérêt du moment où elle
» devient pour l'industrie un utile auxiliaire.
» Les utilités que cet ouvrier procure par son
» travail, lui sont moins profitables qu'à celui
» qui l'emploie ; de même qu'une machine est
» moins profitable à celui qui l'a construite qu'à
» ceux qui s'en servent, moyennant une loca-
» tion que perçoit le propriétaire. »

FLOREZ ESTNADA.

(*Cours ecclectique d'Economie politique*, tome 1er, chap. XIV, p. 363.)

Voilà donc la philosophie qui caractérise notre siècle ! Voilà l'horrible doctrine qui triomphe et sous laquelle gémissent sans espoir, déshérités de la fortune publique, disséminés dans nos villes, sans aucuns liens qui les rattachent au sol, ces hommes-machines qu'on appelle ouvriers. Peu importe au maître, qui le paie proportionnellement à l'intérêt qu'il lui rapporte, si le salaire quotidien qu'il lui donne est insuffisant. Dès que ses bras s'affaiblissent, il le renverra ; que ce soit lassitude ou vieillesse, que lui importe ! c'est un outil usé ; qu'il aille mourir à l'hôpital, si l'encombrement des salles lui permet d'y trouver une place qui ne soit pas occupée.

Peut-on s'étonner des réactions populaires? Comment veut-on que les ouvriers puissent résister aux excitations des partis et à l'influence de certains hommes, qui ne cherchent dans l'ordre social qu'un prétexte de bouleversemens.

Victor Hugo l'a dit avec autant de raison que d'énergie : « Les intervalles qui séparent ces » grandes, et disons-le, ces fécondes quoique » douloureuses catastrophes, ne sont autre chose » que la mesure de la patience humaine, mar- » quée par la providence dans l'histoire. Ce sont » des chiffres posés là pour aider à la solution de » ce sombre problême : combien de temps une » portion de l'humanité peut-elle supporter le » froid ? combien de temps une partie de l'hu- » manité peut-elle supporter la faim ?... »

(*Le Rhin*. Conclusion. T. 2, p. 550.)

Eh bien ! voilà la position telle qu'elle existe. Qu'on ne nous dise pas que le portrait est chargé ; regardez autour de vous, voyez le travailleur et dites si dans cette imprévoyance de la société à son égard, vous ne voyez pas la cause de ces soulèvemens presque périodiques qui menacent sans cesse la société ?

Tels sont les effets de la liberté illimitée du commerce ; elle a, en individualisant la société, fait naître la concurrence et renforcé l'égoïsme. En vérité, l'existence de notre société, depuis ce moment jusqu'à nos jours, toujours près de périr et toujours vivante, est un des plus grands phénomènes que Dieu ait donnés en spectacle aux nations.

Mais, nous dira-t-on, la concurrence fait le bon marché, et le droit de tout tenter est garanti à chacun. A cela nous répondrons d'abord avec M. Louis Blanc : « Pour ce qui est du bon » marché, créé, dit-on, par la concurrence, que » représente-t-il ? Des économies faites sur la » main-d'œuvre ou résultant de l'emploi d'une » machine nouvelle. Le bon marché ne donne » donc aux consommateurs aisés que ce qu'il a » enlevé aux producteurs pauvres. Le bon mar- » ché correspond toujours, sous l'empire de la » concurrence, qui en a fait un moyen de lutte, » ou à une diminution générale des salaires ou » à l'exercice meurtrier d'un monopole ; de » sorte que ce qui est un progrès pour les uns, » devient, pour les autres, un surcroît de misè- » re, et le bonheur des heureux ne se compose, » hélas ! à leur insu, que des douleurs toujours » croissantes du pauvre. »

(*Journal des Débats*, 17 février 1845.)

Tant qu'au droit de tout entreprendre, sans doute, chacun y est autorisé, et nul ne peut venir directement lui barrer le chemin.

Oui, j'ai de la force, de l'activité, de l'intelligence et de la prudence, je puis entreprendre, j'ai l'espoir de réussir ; mais des capitaux, du crédit, point, et nul ne me les donnera, car nul n'y est obligé, et celui qui me les fournirait ne s'exposerait-il pas à des pertes certaines. Dans l'arène industrielle, les nouveaux venus, pour se faire place, sont forcés d'engager contre ceux qu'ils rencontrent sur leur route, un combat désespéré, furieux, d'employer toute espèce de moyens pour faire succomber leurs rivaux ou succomber eux-mêmes, ruiner ou être ruinés ; il n'y a pas de milieu.

C'est la lutte inégalement odieuse du riche et du pauvre, du fort et du faible, du riche spéculateur, qui a pour lui toutes les chances, et du pauvre, souvent honnête homme, qui n'a que celle du travail.

Cette lutte exécrable, dont le résultat ne peut être longtemps douteux, doit repousser le pauvre et laisser le riche se poser en triomphateur, jusqu'à ce qu'un plus riche que lui le supplante à son tour et monopolise entre ses mains une industrie devenue impraticable pour les autres.

« Ce ne fut que par la corruption, dit Montes-
» quieu, que les artisans parvinrent à être ci-
» toyens dans les républiques antiques. »

(*Esprit des Lois*, tome I, ch. VIII, p. 61.)

Ce n'est de même que par la corruption du pouvoir déchu que le peuple vient de reconquérie ses droits ; doit-on conclure de là que ce sera des excès mêmes de l'égoïsme que surgira le bien-être des masses ?

« . . . . . Au temps où nous vivons,
» il se fait à l'insu de tout le monde,
» des pauvres comme des riches, un
» sourd travail de rénovation sociale
» qu'il faut méditer avec sagesse et
» conduire avec mesure, si l'on ne
» veut pas précipiter les gouverne-
» mens et les peuples dans un abîme
» révolutionnaire, sans rivage et sans
» fond. »

Maître PIERRE.

« Notre nature porte en elle-même un mal
» qui échappe à tous les efforts humains; le dé-
» sordre est en nous; la souffrance inégalement
» répartie est dans les lois providentielles de
» notre siècle. »

GUIZOT (*Revue française*, 1838.)

Voilà quelle était la philosophie du régime déchu, philosophie, d'ailleurs, bien appropriée à un régime qui consacrait les angoisses de la foule! Si on ne doit pas chercher là la cause unique de la révolution, toujours n'est-il pas étonnant qu'on ne soit pas parvenu à faire croire à cette foule qu'elle était destinée à souffrir, sans consolation et sans espoir, en vertu des lois de la providence. C'était vouloir rétablir le plus stupide fatalisme, et le bon sens de la nation française dut faire justice de cette tendance toute dans l'intérêt des gouvernans. Elle comprit que sa destinée n'est pas de s'engourdir dans une résignation toute d'inertie.

Pour favoriser le dogme de la résignation, le catholicisme avait jadis promulgué celui de la *souffrance sainte et méritoire;* mais le peuple a compris que ce dogme n'était qu'un sophisme, propre à empêcher la légitime insurrection des opprimés contre les oppresseurs, et ce sophisme impie est tombé avec toutes les tyrannies auxquelles il a si longtemps servi de base.

Ils avaient dit au peuple : Restez soumis et souffrez sans vous plaindre; Dieu le veut ainsi! et le peuple a répondu : Je suis le seul et légitime souverain; la justice est mon droit, et la fraternité ma devise. Dieu est bon; il n'a pu créer les hommes pour souffrir toujours. Si vous ne l'avez pas compris, c'est à nous à établir sa loi sur la terre.

Comment donc espérer faire accepter maintenant au peuple cette résignation, que lui prêchaient vainement les logiciens et les philosophes d'un régime qui s'est écroulé devant son mépris? Ne s'est-il pas éclairé au flambeau des révolutions? Il a compris sa force et ses droits! N'avez-vous pas entendu ce cri magique d'égalité, que sa puissante voix a fait retentir d'un bout à l'autre du globe, qui a fait tressaillir les nations et éveillé dans les âmes des désirs jusqu'alors inconnus?

Le peuple, par qui a été faite cette révolution sans égale, a le droit de réclamer le prix de son triomphe et des efforts qu'il fait pour rester calme au milieu des privations qu'il endure; il a été grand et généreux et ne consentira jamais à perdre les droits dont il a payé de son sang la possession légitime.

Il veut la liberté vraie, en politique comme en sociabilité. Sans opprimer personne, il ne veut plus être opprimé.

Il veut que l'on fasse pour la liberté commerciale et industrielle ce qu'on a fait pour la liberté politique : en alliant celle-ci à l'ordre, on a fait un progrès immense ; de même, en industrie, cessons de séparer l'idée de concurrence de celle d'association et de solidarité ; de là sortiront bientôt mille mesures fécondes et conciliatrices.

Acceptons franchement le principe et n'en repoussons pas les conséquences.

Le progrès humain ne peut plus s'effectuer que par la liberté, l'égalité et la fraternité, c'est-à-dire par l'unité, par le sacrifice du petit nombre à la majorité des hommes, et des partis au corps universel.

L'association est le seul moyen de rétablir, autant que faire se peut, parmi les hommes, l'équilibre que le milieu anti-social où nous vivons a violemment rompu.

Le plan de réorganisation sociale et industrielle, sur les principes de la liberté du travail et du droit commun, rédigé par nos pères, servira de base à la société nouvelle, dès que le temps aura vaincu l'égoïsme de quelques-uns et l'aveuglement des autres.

En constituant la famille des travailleurs, en formant des associations agricoles et industrielles, on engendrera l'esprit public et le fanatisme national, sources fécondes et éternelles de l'héroïsme populaire.

Par l'association, le caractère de la société nouvelle serait l'accord des intérêts. Elle serait la société selon l'Evangile, nul ne demandant plus inutilement à Dieu que sa volonté soit faite, ni inutilement, à son travail, son pain de chaque jour.

Il faut donc reconstruire la vieille constitution corporative de l'industrie nationale, en la modifiant sans doute; en refusant de le faire, on dénature, sans en anéantir le principe, le véritable esprit national; de conservateur qu'il était, il devient subversif et destructeur.

Le corps des travailleurs, sans liens qui le rattachent au grand tout, forme un centre de réaction formidable, où il arbore le drapeau des communistes ou celui des travailleurs égalitaires. C'est la lutte incessante du pauvre contre le riche, du prolétaire contre la propriété nationale; et la société, individualisée au lieu d'être générale, doit succomber bientôt sous les efforts des séditions.

Le principe de l'association sera toujours salutaire pour les travailleurs; il prêtera à chacun la force collective, infiniment supérieure à la force individuelle; il favorisera le développement des lumières. Seul, il peut mettre un terme à cette exploitation dégradante du travailleur par la cupidité, qui l'avilit, l'abrutit et l'épuise avant l'âge.

Le même principe doit être également salutaire pour les maîtres. Il substituera à des bras mercenaires, accomplissant par force une tâche pénible et repoussante, des hommes dévoués et intelligens qui, intérressés à la quantité et à la qualité des produits, travailleront avec ardeur au profit de tous. Par lui, plus de force motrice perdue, plus de matériel qui s'use et se détériore sans produire, plus de coalition ; par lui, l'industrie doit arracher à la science ses derniers secrets, et les machines commenceront à remplir leur but dans la société, en rendant rapide et facile une besogne jusque-là monotone et fatigante, et cela sans qu'aucune combinaison nouvelle soit, pour le grand nombre, un sujet de calamité et de ruine, et, pour quelques-uns seulement, un instrument de richesse et de monopole.

Par ce principe l'agriculture doit prendre enfin une extension dont il n'est permis à personne de mesurer l'étendue.

Il y a possibilité d'association, partout où la nature des travaux groupe les ouvriers sédentaires.

Les fabricans qui comprennent leurs intérêts, ne doivent pas hésiter à s'associer d'abord ceux de leurs ouvriers qui se seront distingués par leur moralité ; c'est le vrai moyen de leur rendre justice en profitant de leur intelligence.

Si l'ouvrier est intéressé à produire bien et vite, il ne pourra plus considérer comme un malheur toute amélioration apportée dans les moyens de production ; il jetera, au contraire, sur son métier ou sur son outil, un regard attentif, indiquera lui-même les moyens d'accélérer la besogne, et ses produits augmenteront en qualité et en quantité, dès que son intérêt direct et personnel sera en jeu.

L'expérience est déjà venu prouver la vérité

de ces assertions. M. Léon Talabot a rendu compte, dans la *Revue britannique*, des résultats qu'il en a obtenus dans ses usines du Tarn. Il s'agit d'un établissement de forge, contenant 200 ouvriers, appartenant à 150 familles groupées autour de l'établissement et représentant une population de 650 individus.

Après un récit plein d'intérêt, M. Talabot termine en ces termes :

« Je puis donner ici, comme certains, les ré-
» sultats que, dans une fabrication délicate et
» difficile, j'ai obtenus sur un atelier important,
» d'une telle association....... En comparant,
» mois par mois, d'une année à l'autre, les pro-
» duits et les dépenses du même atelier, mar-
» chant une année sur des bases ordinaires, et
» l'année suivante sur ces bases nouvelles, voici
» les résultats auxquels on arrive :

» Avec le même nombre d'ouvriers, la quan-
» tité de produits est doublée ;

» La qualité de ces produits améliorée dans
» une proportion presqu'égale à celle de l'aug-
» mentation des produits ;

» Le salaire des ouvriers augmenté d'un tiers;
» le bénéfice du fabricant en même temps de à
» peu près un tiers également.

» Ce sont là des résultats constatés par une
» comptabilité rigoureuse et qui prouvent ce
» que l'on peut attendre d'une transformation
» dans le mode des salaires. »

Il s'agit donc de faire converger vers un même but, l'intérêt de l'ouvrier, l'intérêt du patron et celui d'une bonne et loyale fabrication.

La plupart du temps, ces trois intérêts sont en lutte entr'eux, et il en résulte ce que nous voyons tous les jours : ces trois intérêts souffrant à la fois, alors qu'une combinaison intelligente et appliquée avec justice pourrait les sauver tous les trois.

Il n'est pas rare de voir des industries prospères et d'autres dans la détresse, uniquement par l'effet de l'application de ce principe.

Ces vérités étaient bien senties par un homme d'esprit, chef distingué d'un établissement mafacturier, qui nous témoignait, il y a quelque temps, la crainte qu'en augmentant considérablement, par ce procédé, la production, on n'en vint à ne plus pouvoir trouver de débouchés pour écouler nos produits au fur et à mesure. Alors, dit-il, pour que le trop plein ne nous étouffe pas, il faudrait sans cesse reculer les limites de notre marché ; il nous faudrait, comme à l'Angleterre, l'empire des mers et le marché du monde entier.

Cette réflexion avait déjà frappé plusieurs hommes éminens, entr'autres M. Robert Owen, socialiste anglais, qui proposait en 1818, au congrès d'Aix-la-Chapelle, pour sortir de cette voie fatale, de renoncer à ces grands centres manufacturiers, livrés à un jeu perpétuel d'activité et de chômage, théâtres d'une concurrence déréglée et jalouse, et de les remplacer par de petits centres à la fois industriels et agricoles, partagés entre la culture de la terre et la fabrication des divers produits ; les membres de ces colonies pourraient alors demander à l'une de ces natures de travail ce que l'autre leur refuserait, et tirer directement du sol une nourriture qu'ils ne parviendraient plus à se procurer par les voies indirectes de l'industrie.

Sans vouloir tout-à-coup bouleverser tout ce qui existe, sans démolir l'édifice social avant de savoir quoi remettre à la place, ne pourrait-on trouver dans l'association, telle que nous la proposons, le moyen de restituer à l'agriculture, les bras inoccupés par l'industrie, en combinant peu à peu ces deux natures de travail. Le but serait d'autant plus facilement atteint que l'association deviendrait plus générale puisqu'on pourrait alors établir une balance exacte entre la consommation et la production.

La double exploitation de l'industrie et de l'agriculture est aussi déjà mise en pratique.

Une fabrique de draps et tout le territoire d'une commune (Villeneuvette, Hérault) appartiennent aux deux frères, propriétaires de tout le territoire de cette commune qui a 400 habitans et qui, placés sous l'influence de ces idées, sont parvenus à fixer parmi eux la paix et le bonheur.

La manufacture travaille à la fabrication des draps pour les troupes, et les citoyens ouvriers exécutent en même temps les travaux de la campagne et ceux de la fabrique, à la tâche et à la journée ; ils travaillent onze heures par jour, quelquefois plus, quand il y a presse.

Jamais les heureux habitans de cette commune n'ont connu les privations ; une caisse tenue par plusieurs ouvriers, et alimentée par une retenue de 1 0/0 faite sur tous les salaires, suffit pour secourir ceux que les maladies mettent dans l'impossibilité de travailler.

Des pensions de retraite aux vieillards et aux infirmes sont payées par la cassette particulière des propriétaires.

Un fonds de réserve, aussi prélevé sur la même cassette, est presqu'exclusivement employé à donner de l'ouvrage à de nombreux travailleurs des communes voisines.

Un journal consciencieux, auquel nous empruntons cet article, dit, en parlant des ouvriers de Villeneuvette :

« Tous sont toujours contens et heureux.
» Pendant la semaine ils travaillent et ils chan-
» tent ; le dimanche ils prient, ils s'amusent, ils
» dansent et, de temps immémorial, *aucun habi-*
» *tant n'a donné lieu à une plainte quelconque en*
» *justice.* »

» Là, tout respire l'ordre, l'économie et le
» travail ; des paresseux, il n'y en a jamais eu,
» il n'y en aura jamais. »

Ces exemples sont-ils assez concluans ? est-il besoin d'autres preuves ? Partout où l'on rencontre des habitudes de prévoyance pour l'ouvrier, partout les mœurs s'améliorent et s'adoucissent. Si des propriétaires bienveillans peuvent obtenir de tels résultats, que ne peut-on espérer si, au lieu de propriétaires, on substitue des associés, surtout si, pour féconder les associations, l'État, ce protecteur né de tous les intérêts, leur prête une large et bienveillante protection et généralise, en la modifiant encore, la sage et paternelle institution des prud'hommes. C'est dans l'ensemble de ces combinaisons que les législateurs pourront chercher les bases certaines et rationnelles d'une bonne organisation générale du travail.

« Aussitôt qu'une pensée vraie est
» entrée dans notre esprit, elle jette
» une lumière qui nous fait voir une
» foule d'objets que nous n'apercevions pas auparavant. »

CHATEAUBRIANT.

A la fin du siècle dernier, malgré les vives et énergiques remontrances de quelques hommes généreux, le despotisme poursuivant toujours son développement fatal, la tyrannie et le fisc anéantirent le petit commerce, c'est-à-dire le bien-être du peuple.

L'esprit de la nation réagit contre cet odieux régime et demandait déjà, à l'avènement de Louis XVI, la destruction des abus et l'émancipation la plus complète des classes populaires vis-à-vis des riches marchands et des chefs de fabrique.

Organe des économistes, Turgot, alors ministre, au lieu de réformer les corps de métiers selon les principes du droit commun, rédigeait un édit de suppression. Croyant affranchir les travailleurs, il les emprisonnait dans le cercle étroit décrit par l'action de l'individu. En proclamant la maxime du laissez-faire, il substituait au despotisme du fisc et aux exigences exorbitantes du privilége, le despotisme de l'argent ou de l'agiotage.

Vivement combattus par le Parlement et par Necker, qui invoqua l'autorité de Colbert, le grand ministre de Louis XIV, les économistes, vaincus dans le gouvernement, prirent leur revanche dans l'opposition, et, au sein de l'Assemblée constituante, ils firent prévaloir leurs doctrines.

En proclamant la liberté absolue du commerce et de l'industrie, ils pensaient fonder un principe d'où découlerait infailliblement pour les hommes la plus grande somme de bonheur possible.

Les résultats nous prouvent qu'ils ont fait fausse route.

La science du bien-être, entrevue par les économistes, est jusqu'à présent plutôt pressentie que fondée. Les bases qu'ils lui avaient assignées n'étaient pas celles qui convenaient à sa nature. Elle périrait sur leur terrain de pure spéculation industrielle, si des esprits plus résolus n'eussent agrandi son horizon, au point d'en faire la science même de la société.

Les économistes n'avaient entrevu, dans l'application de leur système, que le moyen de rendre les hommes plus heureux.

Les socialistes, visant au même résultat, veulent en même temps les rendre meilleurs.

Les premiers, en créant une nouvelle source de richesse, par l'émulation qu'entraînait avec elle la concurrence sans bornes, à laquelle ils ouvraient un champ sans limites, avaient oublié de justifier la moralité de leur science, en faisant participer tous les hommes aux bienfaits de leur création. Aussi n'a-t-elle rien changé à la condition des hommes; l'empire est toujours demeuré où il était, entre les mains du plus audacieux et du plus intrigant.

Par son application, leur science n'a apporté aucun remède à l'injustice qui divise les hommes; elle ne pouvait engendrer la fraternité.

Les socialistes, en poursuivant le même but, ne suivent pas la même route. Ils veulent, par une distribution mieux entendue des choses nécessaires à la vie, rétablir l'équilibre entre les hommes, afin de le rétablir aussi entre les droits de la matière et ceux de l'intelligence.

Ils veulent, en soulageant le physique, relever le moral, afin que l'âme de l'homme, incrédule et captive, ne soit plus enchaînée au service d'une nécessité grossière.

Grande, sainte et noble mission que celle qu'ils ont entreprise, et dont la réalisation serait le dernier affranchissement de l'âme, et lui permettrait de s'élancer à la recherche de cette foi sérieuse et raisonnée, qui doit remplacer la foi naïve que nous avaient léguée nos pères, et qui est restée sous les débris des tourmentes révolutionnaires.

Tel est le but de la science du bien-être, qui doit, dans un avenir prochain peut-être, réunir tous les hommes dans un sentiment général d'amour et de fraternité.

Les machines, ces souverainetés industrielles,

jusqu'à ce jour mal comprises, joueront un rôle important dans la rénovation que cette science prépare. On se trompe grandement quand on leur impute les malheurs qui ont suivi leur invasion; partout où passe la main de l'homme, les choses sont détournées de leur but primitif. Si les puissances mécaniques, au lieu de fonder le bien-être des masses, n'ont jeté parmi nous que de nouveaux fermens de haine, prenons-nous-en à la civilisation au milieu de laquelle elles fonctionnent; si les machines créent les produits, ce sont les hommes qui les distribuent. Une distribution meilleure, voilà où doivent se résumer tous les efforts humains.

Tous les socialistes qui se sont occupés de la solution de cet important problème, ont-ils suivi la bonne route ?

Nous ne le pensons pas ; l'idée qui les anime porte l'empreinte de l'essence divine de qui elle émane; mais, formulée en système, elle porte aussi l'empreinte de la main imparfaite qui l'a travaillée.

Souvent, presque toujours, entraînés par de nobles passions, trop ardens pour suivre ceux, qui, plus patiens, se contentent de voir le genre humain marcher vers le but, en passant par des métamorphoses graduelles, ils ont pris le devant; sans tenir compte des obstacles, ils s'élancent hardiment vers l'avenir, et sans s'appercevoir de l'énorme distance qui sépare leur monde du nôtre, ils voudraient au risque de le briser, lancer d'un bond prodigieux le genre humain dans la terre promise.

Ils se prennent à chanter les merveilles de la régénération comme étant un fait accompli, et cela, sans se préoccuper des obstacles que devra franchir la société pour arriver à cette grande époque. Eblouis qu'ils sont par les splendeurs de la cité nouvelle, où ils veulent abriter l'humanité, ils oublient de placer les hommes sur la pente qui doit les y conduire.

Pour nous, plus calmes, nous nous résignons à une imitation lente et progressive, nous ne voulons pas dévancer les temps par une brusque impatience qui ne peut qu'aggraver les dangers et les fatigues de la route.

Nous devons le dire, toutefois, l'invasion du communisme n'a rien qui puisse nous étonner, il était dans la nature même des choses.

Au sein de la civilisation moderne, l'individualisme poussé à l'excès avait tout envahi, l'égoïsme le plus profond avait remplacé chez tous les membres de la grande famille humaine, les sentimens de fraternité qui devraient la régir et dont l'ensemble ont dû diriger son activité selon les lois mystérieuses de l'univers. *Chacun pour soi*, était la loi commune.

L'esprit national ainsi individualisé, se pliant et repliant sur lui-même, s'épuisait en petits mouvemens solitaires et stériles ; l'humanité menaçait de rester stationnaire dans le cercle étroit décrit par l'individu, quand, comme incident inévitable ou phénomène contradictoire, surgit le communisme !

Autre sentiment extrême, faisant contre-poids au premier, tous deux également exclusistes, également à redouter, conséquence nécessaire l'un de l'autre, l'un imprimant le mouvement et l'autre la résistance.

L'un, en confiscant la généralité au profit de l'individu, créé au capital et au génie un rôle exorbitant.

L'autre, passant son désolant niveau sur les inégalités, nie la fortune, la capacité et les passions.

L'un, fondant le bonheur sur l'oppression de la masse, au profit du petit nombre, le consacre par une injustice. L'autre, protestation sublime contre la tyrannie de la propriété, exprime un immense besoin de dévouement, d'émancipation et d'ascension vers un état meilleur. Mais pour régénérer la société il brise l'individu, et, sans chercher à relier l'avenir au passé, il déshérite les hommes du droit traditionnel; il anéantit la famille.

De ces tendances résulte cependant un grand progrès qui exprime l'exprit général de notre époque.

Si les doctrines socialistes, toutes imparfaites qu'elles sont, ont pu rencontrer autant d'échos parmi nous, c'est que la tendance générale répondait à leur tendance particulière, c'est que le temps approche, que le peuple doit recueillir l'héritage du Christ et le fruit de ses travaux. Ces idées, une fois surgies, ne peuvent plus s'éteindre sous le boisseau de l'inaction.

Les formes sociales se modifient sans cesse, le genre humain marche et nul ne peut prévoir où il s'arrêtera. Lorsque des idées nouvelles deviennent nécessaires à sa conservation ou à son développement, le régulateur suprême les envoie sur la terre, et sont apôtres tous les cerveaux d'élite qui en sont frappés. Leur conviction est d'autant plus profonde qu'elle n'est chez eux le résultat d'aucun calcul ; en les propageant, ils obéissent à un instinct plus fort que leur volonté, et si leur nature imparfaite les entraîne dans des écarts, si en voulant atteindre le but ils le dépassent, la société, plus sage, doit, en épurant leurs doctrines, approprier à son usage ce qu'il peut s'y rencontrer de bon et de praticable. En s'obstinant à repousser systématiquement tout ce qui est nouveau, elle s'exposerait à être renversée de fond en comble; car, comme l'a dit Châteaubriant : « On ne change pas les » décrets de la providence à l'heure de la » transformation des peuples (*congrès de* » *Vérone*). »

Abordons franchement les réformes; la société est placée sur une pente fatale qui l'entraîne vers l'abîme; elle se rattacherait en vain à des institutions fausses et vermoulues. Sa chute, un instant retardée, n'en serait que plus terrible. Tout ce qui n'a pas la vérité pour base, doit, tôt ou tard, succomber sous les efforts de la raison humaine.

Voyez que sont devenues les puissantes et fortes institutions de la royauté et de la noblesse avec leur nombreuse escorte de privilège ?

L'église, elle-même, n'a-t-elle pas perdu

toute son autorité morale devant le principe de liberté de conscience ? Si le dogme chrétien, un instant englouti avec elle, s'est relevé, c'est qu'il n'était pas l'ouvrage des hommes. Dans l'immense besoin de croyance, qui se manifeste de plus en plus, il faut reconnaître le doigt de Dieu, qui nous montre que si les idées vraies et nécessaires aux hommes ont pu disparaître un instant, c'était pour se relever brillantes et épurées des ruines où elles laissaient englouties, royauté, noblesse et privilèges. Pour ces derniers, l'heure de la justice avait sonné, leur temps était fini.

Les règnes qui se sont succédés depuis cette grande et féconde époque ne pouvaient être que des obstacles au développement des lumières. Eh bien! malgré eux, en dépit de leur tendance, la lumière s'est faite et les hommes ont fait dans le progrès un pas de géant.

Qu'il demeure donc bien établi, que vouloir ramener l'ancien ordre de choses, ce serait faire un anachronisme, ce serait galvaniser des cadavres.

Chercher à retarder le progrès qui s'avance dans le champ social, pour extirper du sol les ronces et les épines, ce serait méconnaître les lois de la providence. On tenterait vainement d'apposer une digue au fleuve des idées qui, semblables aux eaux du nil, viennent inonder le monde pour le fertiliser ; ce serait une entreprise aussi téméraire qu'inutile.

Mais aussi n'oublions pas cette belle parole de Lamartine : « N'arrachons pas avec fureur et par la torture, la réalisation d'un ordre de choses que la nature humaine ne contient pas encore. »

« Nos doutes sont des traîtres qui
» nous font perdre le bien que nous
» pourrions faire en nous détournant
» de l'essayer. »

SCHAKESPEARE.

« Celui qui sait rendre ses profu-
» sions utiles à une grande et noble
» économie ! »

LAROCHEFOUCAULT.

Le travail est le grand créateur de toutes richesses. Mais il lui faut une matière sur laquelle il puisse agir, il lui faut des outils ou des instrumens. Pour que le laboureur produise, il est nécessaire qu'il ait, à sa disposition, et les instrumens de labourage et la terre; sans leur ensemble, pour lui point de produits, partant point de richesses. Il perd et la société aussi, car s'il eut produit, la richesse générale eut été augmentée d'autant; la société est donc intéressée à fournir les instrumens de travail à ceux à qui ils manquent.

Un capital, une fois produit, peut être réalisé en numéraire et enfoui; alors il ne sert à personne, mais il existe cependant, et la société et son possesseur perdent l'intérêt qu'il aurait dû produire. Le capital prêté à intérêt rapporte, non seulement à son propriétaire, mais le paiement d'un intérêt perpétuel suppose une production perpétuelle de richesses.

En ouvrant un crédit à ceux à qui il manque totalement, en leur procurant les instrumens de travail, la société peut donc augmenter considérablement sa richesse, car un capital avancé peut être employé à la production, fournir des matières brutes à l'industrie, ou des engrais à l'agriculture. Alors ce capital se reproduit sous mille formes diverses, récoltes ou objets fabriqués; non seulement il porte intérêt, mais il s'augmente en fécondant le travail de tous ceux qui sont chargés de le mettre en œuvre.

« Si j'emploie un capital en dépenses inuti-
» les et uniquement pour ma propre consom-
» mation, j'ai éparpillé cette somme, elle est
» passée en diverses mains qui ont travaillé
» pour moi : différentes personnes en ont été
» substantées, et voilà tout. Il n'en reste rien;
» il n'a produit que ma satisfaction passagère,
» comme si ces personnes s'étaient employées
» à me donner un feu d'artifice ou tout autre
» spectacle. Si, au contraire, j'avais employé
» cette valeur en choses utiles, elle serait
» éparpillée de même, un même nombre
» d'hommes en auraient profité, mais leur
» travail serait d'une utilité qui resterait. »

DESTUT DE TRACY.

(*Commentaires sur l'Esprit des lois.* MONTESQUIEU, livre 8.)

Tous les économistes ne pensent pas comme celui que nous venons de citer; il en est qui prétendent prouver qu'une nation ne peut être heureuse si elle n'a pas, dans son sein, de riches propriétaires qui dépensent des sommes énormes, en fêtes splendides et éclatantes, en brillans équipages, en magnifiques écrins, en cachemire, en broderies de velours et de brocarts, en palais superbes, grands hôtels ou en ameublemens splendides. La production de toutes ces choses alimente sans doute un grand nombre d'industries, mais une autre répartition des capitaux qui y sont employés produirait un bien plus grand résultat. De tous ces objets de luxe, fabriqués à grands frais, les uns dépérissent presqu'immédiatement après qu'ils ont été créés, et les autres demeurent sans résultats : c'est un capital placé sans intérêt, immobilisé et pour ainsi dire enfoui. Si le même capital avait été employé à produire des objets d'un besoin journalier, il se serait reproduit mille fois, de mille manières diverses, aurait alimenté des milliers d'individus ; si cette nation avait moins de palais, elle aurait aussi moins de bouges infects ; elle aurait autant de millionnaires et beaucoup moins de mendians.

C'est sans doute cette réflexion qui faisait dire à un auteur bien connu, en parlant des ruines célèbres de l'Egypte : « Ces labyrinthes,
» ces temples, ces pyramides, dans leur massive
» structure, attestent bien moins le génie
» d'un peuple opulent que la servitude d'une
» nation tourmentée par le caprice de ses
» maîtres. Alors on accorde moins de pitié à
» ces ruines. Tandis que l'amateur des arts
» s'indigne dans Alexandrie de voir scier les

» colonnes des palais, pour en faire des meules » de moulin, le philosophe, après cette pre» mière émotion que cause la perte de toute » belle chose, ne peut s'empêcher de sourire » à la justice secrète du sort qui rend au » peuple ce qui lui coûta tant de peines, et » qui soumet au plus humble de ses besoins » l'orgueil d'un luxe inutile. »

VOLNEY. (*Les ruines.*)

« Pendant vingt ans, dit Hérotade, cent » mille hommes travaillèrent jour et nuit à » bâtir la pyramide du roi égiptien Choops. »

Supposons par an seulement 300 jours à cause du Sabbat, et ce sera 30 millions de journées de travail dans une année, et 600 millions de journées en vingt ans. A 75 centimes par jour, ce sera 450 millions de francs perdus sans aucun produit ultérieur. Travaux stériles ! Que de milliards perdus à mettre pierre sur pierre. Les alchimistes changent les pierres en or, les architectes changent l'or en pierre. Malheur à ceux qui livrent leurs bourses à ces deux espèces d'empyriques.

On a donc tort d'encourager le luxe. Non seulement il corrompt les mœurs et les citoyens, mais il appauvrit la société : il emploie des capitaux considérables, dont il ne reste autre chose que de vaines jouissances et des profits insignifians pour ceux par l'entremise desquels se font les dépenses du luxe.

La vraie richesse, c'est le travail, et plus on multiplie pour un pays les ressources et les moyens de travail, plus on l'enrichit.

Si un capital enfoui ne rapporte rien, de même un capital qui dépérit par la banqueroute, par l'inoccupation des bras et des agens producteurs ou par des marchandises qui restent invendues, est un capital perdu pour la société. Eh bien, par la concurrence illimitée, combien ne voyons-nous pas tous les jours de fabricans qui se ruinent, de matériels qui, par suite de cessation de travaux, dépérissent et perdent toute leur valeur.

Avec une liberté d'échange mieux entendue, on ne verrait point de récoltes gelées en cave, parce que le petit propriétaire n'a point d'argent pour faire réparer son cellier; on ne verrait plus de blé germer dans le grenier et se perdre, tandis que les maçons, sans ouvrage, manquent de ce qui leur serait nécessaire pour vivre. Cependant les petits propriétaires sont bien communs en France, et, pour un grand qui a de quoi gérer, il y en a cinquante qui ne peuvent pas faire les frais urgens.

« La puissance d'un état, dit un auteur » que nous avons déjà cité, est en raison de » sa population, la population en raison de » l'abondance, l'abondance en raison de » l'activité de la culture, et celle-ci en raison » de l'intérêt personnel et direct, c'est-à-dire » de l'esprit de propriété, d'où il suit que » plus l'état de cultivateur se rapproche de » l'état passif de mercenaire, moins il a » d'industrie et d'activité. Au contraire, plus

» il est près de la condition de propriétaire
» libre et pleinier, plus il développe les forces
» et les produits de la terre, et de là la richesse
» générale de l'état. »

Cette vérité a été bien sentie de tous les législateurs. Depuis cinquante ans, toutes les institutions tendent à diviser le sol. Napoléon disait en séance du conseil d'état (7 pluviôse an II) : Multiplions les propriétaires, ce sont les plus fermes appuis de la sûreté, de la tranquillité et de la fortune des états. Le code civil consacre la division des propriétés; on sait combien, en France, le sol tend à se diviser. Eh bien, ce morcellement du sol, qui devrait être un bienfait, une source de richesses pour la nation, n'a produit, jusqu'à présent, que l'effet contraire. Aujourd'hui, la propriété française est partagée en 130 millions de parcelles, qui appartiennent à environ 15 millions de propriétaires. Le sol, ainsi divisé, a, dans beaucoup d'endroits, substitué la bêche à la charrue, et est devenue ainsi un principe de retardement et de ruine. Sur ces 15 millions de propriétaires, inscrits au rôle de la contribution foncière, on en compte près de 10 millions au-dessous de 20 francs. Le morcellement du sol a implanté dans les campagnes, l'aristocratie de la chicane et de l'usure. Pour échapper à la redevance du fermage et pour cultiver leurs terres, tous ces petits propriétaires sont obligés d'emprunter, et il existe sur plus de 80 millions de parcelles 5 millions d'inscriptions, formant un capital de

12 milliards d'hypothèques. Ainsi, chaque cultivateur, après avoir acheté une parcelle de terre avec le fruit de ses labeurs accumulé, retombe bien vite sous la redevance du prêteur, bien plus inexorable que le grand propriétaire, à la redevance duquel le fermier a voulu échapper; le prêteur, comme le propriétaire, tient, entre ses mains, l'arme de l'expropriation.

Le cultivateur est dans un cercle vicieux, l'agriculture dans une impasse; et la richesse territoriale doit rester stationnaire et même décroître si une grande réorganisation ne s'opère.

Afin que la division de la propriété soit la cause d'un progrès réel, par l'exaltation qu'elle donnera à la personnalité et à l'énergie individuelle, il est indispensable de détruire les mauvais effets de l'exploitation partielle qu'elle a entraînée; il faut combiner la petite propriété avec la grande culture; substituer la charrue à la bêche, en concentrant l'exploitation; morceller la propriété, sans morceller le sol.

Il y a certainement en France un progrès possible pour l'agriculture, il faut le chercher dans l'association, il faut resserer les liens qui doivent unir entr'eux les cultivateurs; sous l'influence de l'administration, il deviendrait très-possible d'avoir des fermes centrales, des magasins agricoles, et tous les moyens pour délivrer les petits propriétaires de l'ulcère rongeur de l'hypothèque. C'est le seul moyen de faire refouler vers l'agriculture, les bras inoccupés par l'industrie et de faire cesser l'émigration des populations de la campagne vers les grandes villes.

Les causes de cette émigration qui, depuis quelques années, prend un accroissement considérable et cause à l'industrie agricole de grands dommages, méritent de fixer un moment notre attention; pour bien traiter une maladie, il faut la bien connaître.

Beaucoup de personnes ont cru trouver le secret de ce déplacement dans l'instruction qui commence à se propager au milieu des populations de la campagne.

Les sophismes d'un pouvoir intéressé à maintenir l'ignorance qui, jusqu'à présent, avait été l'auxiliaire le plus sûr de ses usurpations, n'ont pas peu contribué à entretenir cette erreur, basée sur des faits mal compris ou mal expliqués.

La diffusion des lumières n'est pas, nous le pensons, tout-à-fait étrangère à ce mouvement, mais qu'elle en soit la cause véritable, nécessaire, que l'éducation ait pour conséquence de rendre la campagne déserte et d'enlever à l'agriculture les bras qui lui sont indispensables, nous ne pouvons le croire.

Dans les conditions sociales qui nous régissent aujourd'hui, le sort du cultivateur, comme nous avons essayé de le démontrer plus haut, est très-précaire; un père de famille n'y peut voir un sort bien assuré pour son enfant; une curiosité inquiète, un vague espoir de lui procurer un sort meilleur, le pousse à faire donner à cet enfant, objet de toute sa sollicitude, une instruction qui lui permettra de changer sa position, et d'atteindre un but vers lequel lui, pauvre ouvrier des champs, s'efforce en vain de se frayer un passage.

Est-il étonnant alors que ce jeune homme vigoureux et intelligent, qui sent la supériorité que lui donne un certain degré d'instruction sur ceux qui l'entourent, éprouve le besoin d'aller sur un théâtre plus vaste chercher des moyens plus faciles de satisfaire son besoin de bien-être et de fortune.

Vous avez proclamé bien haut que chacun pouvait prétendre à tout ! Puisqu'il en a le droit, pourquoi ne l'essayerait-il pas ? La ville qu'il ne connaît pas est pour lui le pays des illusions ; là-bas, se dit-il, est la richesse, les honneurs, les plaisirs, les monopoles; le village qu'il habite, où son père souffre, c'est le pays de la réalité, de la misère, des privations et des charges de toute nature ; il franchira donc la distance qui le sépare de ceux qui sont au-dessus de lui, et s'il réussit, est-il bien étonnant que d'autres veuillent imiter son exemple, et se précipiter sur la route qu'il a suivie avec bonheur ?

L'instruction n'est donc pas, comme on vient de le voir, la cause de la crise que la pénurie des bras fait en ce moment subir à l'agriculture ; cette crise est la conséquence forcée des monstruositées de notre organisation sociale, et c'est le malaise du cultivateur qui le pousse vers les villes et les grands centres manufacturiers, où l'infortuné sera le premier à souffrir et d'une diminution dans les produits de l'agriculture et de l'action qu'exercera sur le prix du travail, une trop grande affluence de bras dans les centres industriels.

Ici, encore, la société est donc intéressée à faire cesser cet état de choses ; on n'y parviendra qu'en introduisant dans notre organisation des réformes nécessaires et équitables ; le plus simple est de marcher avec rapidité vers le but que nous montrent la justice et la raison. Répandez les lumières afin qu'elles ne soient plus le partage de quelques-uns, mais l'apanage de tous. Ayez une bonne loi sur l'instruction primaire. Faites que chacun puisse recevoir celle professionnelle ou spéciale, selon son aptitude, et vous donnerez au travail des bases intelligentes ; les hommes devenus capables de travailler avec fruit s'attacheront à leur travail et y apporteront des améliorations de tout genre, d'où naîtra leur bien-être particulier et l'accroissement de la richesse générale.

Nul ne se croira plus déplacé au milieu d'une population dont tous les membres auront été élevés comme lui, et les hommes ne seront plus dévorés par l'ambition de s'élever jusqu'à une sphère où se trouvent des privilèges qu'ils ne partagent pas.

Que le gouvernement avise donc; il est du devoir des législateurs de la République de remplir les promesses faites par la République, et de réparer les torts faits à la société par les législations qui les ont précédés, en provoquant, par des lois sages et paternelles, un retour de la population vers l'agriculture, cette mère nourricière de toutes les industries.

« Quand on jette les yeux sur les
» monumens de notre histoire et de
» nos lois, il semble que tout est mer
» et que les rivages même manquent
» à la mer. »

MONTESQUIEU.

Jusqu'à ce jour on pourrait presque dire que la loi est muette sur les salaires. Elle ne contient que quelques dispositions éparses et souvent difficiles à interprêter; elle semble ignorer l'immense multitude de relations de patrons à ouvriers; elle ne pose aucun principe clair et précis; elle emploie sans les définir et indifféremment les mots: ouvriers, artisans, gens de journées, gens de travail, gens de services, et pourtant, dans certains cas, c'est sur l'un de ces mots qu'est fondée toute une série de privilèges.

Il est donc impossible de dire comment se paient et se règlent les salaires. Chaque profession a sa coutume, ou plutôt chaque patron règle la coutume comme il lui convient. Les uns paient à la pièce ou à la tâche, d'autres à l'année, au mois, à la semaine, à la journée; l'époque du paiement et le mode d'estimation du travail varient à l'infini et, on peut le dire avec vérité, laissent une large place à l'arbitraire. Plus souvent c'est le fabricant, qui, pouvant se passer d'ouvriers ou n'en ayant besoin que de deux, lorsque trois ou quatre se présentent, discute avec eux pour ravaler encore des prix déjà trop modiques. Quelques fois et par représailles, c'est l'ouvrier qui, profitant d'un moment de presse, fait élever les prix de manière que le produit ne peut plus couvrir les frais. Dans un cas comme dans l'autre il y a abus, et il importe de le voir disparaître.

Ce n'est, à notre avis, que par l'institution des prud'hommes et lorsqu'ils seront élus au sein des industries, associés en corporations, que l'on parviendra à extirper les abus que nous venons de signaler.

Jettons d'abord un coup d'œil sur cette institution afin de pouvoir comparer à ce qu'elle a été, ce qu'elle est et ce qu'elle pourrait être.

Au moyen-âge, sous le règne de Saint-Louis, d'après les us et coutumes établis de temps immémorial au sein des communautés corporatives des travailleurs, recueillis par Etienne Boileau, prévôt de Paris, et conservés sous le titre de *Livre des Métiers*, les marchands, fabricans et ouvriers furent définitivement classés par catégories de corporations ou jurandes.

Pous régler leurs rapports et leurs intérêts, chaque jurande devait se réunir pour élire ses prud'hommes ou gardes jurés visiteurs. Il y avait autant de juridictions qu'il y avait de jurandes. Ces gardes jurés, provenant de l'élection, délivraient, pour ainsi parler, des brevets de capacité (après, toutefois, leur avoir fait subir un examen) à ceux qui voulaient obtenir des lettres de maîtrises, comme à celui qui voulait seulement entrer dans une jurande; ils étaient tenus de visiter les fabriques, ateliers et boutiques; d'inspecter les marchandises, de surveiller les foires et marchés, de faire ou faire faire bonne et prompte justice de tous les méfaits qui auraient pu se glisser dans toutes les choses confiées à leur surveillance. Ils étaient encore chargés de la police intérieure des jurandes et étaient tenus d'exercer une juridiction binveillante pour les ouvriers, mais sévère pour les maîtres.

Les jurandes existaient partout le royaume, et, sous cette institution, l'ouvrier sans capital vivait plus libre que le prolétaire de la civilisation moderne, puisque l'entrée dans une jurande faisait participer à tous les privilèges de la bourgeoisie.

Nous avons dit autre part les causes de la décadence des jurandes et des maîtrises. Arrivons à leur dissolution.

Les corporations vécurent jusqu'au 30 décembre 1791. L'assemblée constituante les abolit toutes et avec elles l'institution des prud'hommes, que nous ne voyons reparaître que sous l'Empire.

Napoléon, tout en redoutant, à Paris, la moindre des associations, n'en créa pas moins dans plusieurs villes de province quelques

2*

conseils de prud'hommes. Il est dit, dans un rapport présenté au sein du corps législatif, le 8 mars 1806, par Regnault de Saint-Jean-d'Angély :

« La surveillance à exercer dans les fabri-
» ques, manufactures et ateliers, les contra-
» ventions à réprimer demandent d'autres
» instrumens que ceux de l'administration
» générale de l'Empire, et même de l'adminis-
» tration particulière de la cité, d'autres agens
» que ceux de la police ordinaire. Ces fonctions
» exigent des connaissances que les fabricans
» seuls ou les chefs d'ateliers peuvent réunir.
» Elles étaient exercées, avant 1789, par les
» juges gardes ou syndics des communautés.
» S. M. a cru convenable de les confier à des
» prud'hommes choisis, partie dans le nombre
» des négocians-fabricans, partie dans le nom-
» bre des chefs d'ateliers.

» L'institution de cette espèce de tribunal de
» famille a été invoquée par les Lyonnais ; la
» pensée en a semblé si heureuse, l'action si
» utile, que S. M. a cru devoir en ménager le
» bienfait aux autres villes industrieuses et
» manufacturières de son empire.

» Les prud'hommes jugeront, jusqu'à 60
» francs, les affaires où seront intéressés les
» ouvriers ; ils jugeront sans formes et sans
» procédure, sans appel.

» Les chefs d'ateliers, attachés au conseil
» de prud'hommes, n'ayant souvent pour
» richesse que leur travail, pourront recevoir
» une indemnité de l'emploi qu'ils feront,

» pour l'utilité publique, d'un temps qui est » leur patrimoine et celui de leur famille. »

Une autre disposition appelle les prud'hommes à remplir par deux visites annuelles les fonctions que remplissaient jadis les gardes jurés visiteurs dans les manufactures, mais dans le but seulement d'obtenir des informations exactes sur le nombre des métiers et des ouvriers; c'était une inspection de statistique et non de police.

Deux autres décrets, du 11 juin 1809 et du 5 août 1810, ont ensuite réglé le mode de nomination et la compétence des prud'hommes.

Comme on le voit, la nouvelle institution de ces conseils était bien loin d'offrir aux ouvriers les mêmes garanties que celle existant au sein des jurandes.

Il est vrai que le droit des ouvriers, comme citoyens, et leurs rapports, soit avec les agens de l'autorité, soit avec les maîtres ou fabricans, soit enfin avec les consommateurs ou acheteurs, se trouvent enregistrés dans le code civil.

Ces droits et ces rapports, qui pouvaient être si simples dans les corporations qui ne connaissaient que chacun leur métier, se trouvent alors convertis en une foule de dispositions générales, et, nous devons le dire, à l'endroit des salaires surtout, elles ne sont pas toujours à l'avantage de l'ouvrier.

La patente a remplacé le droit de maîtrise; elle confère des privilèges dont ne peut jouir celui qui n'est pas patenté; le patenté ne dépend plus de personne, il s'appartient, vote aux élections des prud'hommes et des juges de commerce ; enfin, il n'est plus soumis au livret.

Toutes espèces de commerce et d'industrie furent soumises à des autorisations préalables, à des réglemens, à des entraves de police de toutes sortes : et cette police (ajoute M. Francis Lacombe), exercée par des agens du gouvernement, étrangers aux connaissances spéciales et mus uniquement par l'intérêt du fisc, remplacèrent les syndics élus au sein des anciennes corporations d'arts et métiers.

Une loi du 27 décembre 1844 vint corroborer plutôt que modifier la loi sur l'institution des prud'hommes.

Il pouvait en être établi un conseil dans toutoutes les villes de fabrique où le gouvernement le jugerait convenable ; il fallait une ordonnance du roi, délibérée en conseil d'Etat.

Il y en avait environ 80 dans toute la France.

Bien que les prud'hommes fussent les juges de tous les ouvriers, ils n'étaient élus que par les maîtres et par les ouvriers patentés, c'est-à-dire par ceux que leur position rapprochait le plus des maîtres.

Enfin, un décret de la commission du pouvoir exécutif, en date du 27 mai 1848, ordonne la réorganisation de tous les conseils de prud'hommes existant actuellement d'après des bases plus en rapport avec nos institutions libérales.

Ce décret, qui renferme une foule de dispositions bien en harmonie avec les besoins actuels, a comblé la lacune que nous avons signalée plus haut : ici, du moins, l'ouvrier n'est pas oublié ; il suffit, pour être électeur, d'avoir 21 ans d'âge et 6 mois de résidence dans la circonscription du conseil et de jouir de ses droits civiques.

Pour être éligible, avoir 25 ans, être dans les mêmes conditions de droits, avoir un an de résidence et savoir lire et écrire.

Il n'est question de la patente que pour fixer les catégories ; du reste, les droits sont entièrement les mêmes pour le patron et pour l'ouvrier.

Pour compléter les sages dispositions de ce décret, il est dit, article 24 : « il sera procédé, » dans le plus bref délai, à la révision des lois, » décrets et réglemens concernant les tribu- » naux de prud'hommes. »

Cette institution, telle que ce décret l'a modifiée, ne pourra atteindre le but moral qui lui est réservé, que si on la modifie encore. Malgré la base essentiellement démocratique qu'on vient de lui donner, elle ne peut encore atteindre ce but.

« A quoi bon (dit M. Francis Lacombe), réu- » nir dans une même assemblée, quel qu'en soit » d'ailleurs le nombre, des hommes de profes- » sions différentes : le fabricant de lampisterie » peut-il juger ce qui se passe dans un atelier » de l'industrie des bronzes ? Le marbrier com- » prend-il les besoins d'une fabrique de pro- » duits chimiques ? Il faut, ajoute le même au- » teur, restaurer et mettre à neuf la vieille » constitution corporative de l'industrie na- » tionale. »

Le savant Donnat, dans son traité du droit public, est encore plus explicite, et s'exprime en ces termes : « Il importe à l'Etat que ceux » qui exercent une profession aient les con» naissances qu'elle exige : la bonne qualité » des matières, la manière de les employer, la » fidélité dans les poids et mesures, importent » au commerce ; mais tout cela tient à une » foule de petits détails, et surtout à une sur» veillance tellement continuelle, que les gou» vernemens ont senti que le mieux était de » confier cette surveillance à des hommes du » même art et de la même profession, ayant l'a» mour de leur état et dont la probité, depuis » longtemps éprouvée, ne souffrirait pas dans » les autres ce qu'ils auraient rougi de se per» mettre à eux-mêmes. »

Voilà les bases rationnelles sur lesquelles on devra s'appuyer pour fonder une institution de prud'hommes, convenablement appropriée aux besoins de tous.

Mais, nous dira-t-on, comment y parvenir au milieu de l'isolement de toutes les professions ?

Voulez-vous rétablir les anciennes maîtrises et jurandes, avec leurs syndics et leurs gardes jurés ? Et alors que deviendront les positions acquises à ceux qui exercent maintenant une profession quelconque ? Prenez garde, votre projet peut devenir subversif ; voulez-vous fonder la fraternité sur des ruines et causer des bouleversemens ?

Pour répondre à ces objections qu'on pourrait nous faire, nous dirons :

Qu'il est impossible de fonder des conseils de prud'hommes comme nous les demandons, si on ne forme préalablement des associations de travailleurs; que le mode même de ces associations que nous examinerons plus loin, nous indiquera la manière dont ces conseils pourront être formés dans leur sein, et quelle sera la position et les attributions de ces conseils.

Enfin, après avoir déjà essayé de démontrer que les associations libres entre travailleurs, au lieu d'être subversives, peuvent et doivent consolider la tranquillité de la société; augmenter la richesse publique sans nuire en rien à l'individu. Nous allons maintenant, en jetant sur l'histoire des trois derniers règnes, un coup-d'œil rapide, essayer de prouver que la société française, en se plaçant sous l'égide de la République démocratique, doit détruire la cause de toute espèce de bouleversement, si elle entre franchement dans la voie des réformes sociales. En reconstituant les corporations des métiers, examinons d'abord quels ont été les motifs qui ont engagé Napoléon à rétablir, sur la demande des Lyonnais, les conseils de prud'hommes, et à substituer à l'ancienne organisation des gardes syndics et des jurés visiteurs, la nouvelle institution telle qu'il l'avait modifiée. Et quels en ont été les résultats, en rétablissant ces conseils : Napoléon crut régénérer l'essence de la société; il cédait en outre aux besoins que déjà, à cette époque, manifestaient les travailleurs, en cherchant à former des associations, élémens d'ordre et de production, loi suprême et vieille comme le monde, qui appelle tous les hommes à vivre en société. Mais il redoutait souverainement toutes espèces de corporation, ayant reconnu qu'elles n'avaient souvent servi, dans nos discordes civiles, qu'à féconder l'anarchie; il craignait, en les rétablissant, de créer des obstacles à ses vues ambitieuses, aussi n'établit-il des conseils de prud'hommes que dans quelques villes de province. N'osant pas généraliser la société des travailleurs, il l'individualisa : en attribuant à quelques négocians et chefs d'ateliers les droits qui avaient appartenu antérieurement aux prud'hommes qui provenaient de l'élection, il substituait sa volonté à celle des citoyens, et les associations libres furent interdites au nom du despotisme.

C'était reconnaître tacitement que son règne n'était que transitoire, que la position, qu'à force de gloire et de génie, il était parvenu à faire accepter à la France, n'était pas celle qui convenait à ses destinées, qu'il ne pouvait asseoir sa puissance qu'en changeant l'esprit de la nation, en étouffant la pensée dans l'isolement et par la tyrannie.

Craignant les efforts des réactions populaires, il tua la nation en l'individualisant, et au moment du danger, quand la nation eût pu empêcher sa chute, elle était morte : il succomba.

La restauration, ne comprenant pas les devoirs que lui imposait son titre même, fit la même faute que Napoléon, n'ayant pas voulu restaurer l'industrie nationale en la réunissant par communautés corporatives. L'esprit de sociabilité se traduisit en associations révolutionnaires et républicaines, forma l'école libérale, et, en juillet 1850, la restauration fut renversée sous les coups des travailleurs qu'elle avait laissés en dehors du droit commun, et qui la mirent hors la loi. Elle avait négligé de s'appuyer sur les traditions vivantes qui eussent pu la soutenir, pour chercher dans des traditions mortes et sans puissance un secours que celles-ci ne pouvaient lui prêter. Elle succomba le jour où elle voulut renverser les libertés publiques, seuls liens qui la rattachaient au peuple.

Le gouvernement de Louis-Philippe qui, sur les barricades, avait fait au peuple vainqueur des promesses de renouvellement et de rénovation, n'en fit rien ; rien ne fut réalisé au profit des travailleurs, rien ne changea dans la situation intérieure de la France.

Les idées révolutionnaires, prenant alors plus de consistance, firent surgir l'école démocratique, qui commença à formuler des principes de réorganisation sociale. Les vigoureux athlètes qui composent cette école, engagèrent courageusement la lutte avec l'arbitraire qui régnait presque sans conteste, et la démocratie fit son chemin, s'appuyant d'une main sur l'organisation du travail et de l'autre sur la réforme électorale.

La corruption du pouvoir fit le reste, et le 24 février 1848, la République fut proclamée.

La République, but politique des efforts de l'esprit public, doit comprendre que pour s'asseoir sur des bases solides, il est indispensable qu'elle ne souscrive pas, comme les gouvernemens qui l'ont précédée, à un principe faux qui est pour la société un motif de ruine et de misère, et pour les gouvernemens un centre de réaction formidable. Que nos législateurs jettent les yeux autour d'eux, et ils reconnaîtront avec nous que le seul moyen de sociabilité est la communion universelle; là, est la réalisation de sa devise, et ils se diront avec le publiciste : « On » s'obstine à ne pas organiser le travail; le peu- » ple sera bien obligé de le faire. C'est dans les » grands centres d'industrie où les crises se » se font le plus vivement sentir, que se débat- » teront les hautes questions de l'organisation » des forces vitales qui concourrent à la produc- » tion. Comprend-on que laisser les intérêts en » lutte au lieu de les coordonner, c'est appeler » des catastrophes ? » (KAUFFMANN.)

Le gouvernement ne doit pas diviser pour dominer; il doit, au contraire, résumer et mettre toutes les forces en état de marcher vers un but commun de bien-être général. C'est le seul moyen de diriger le mouvement incohérent qui nous pousse vers l'inconnu, et qui pourrait, s'il n'était réglé par l'équité et la justice, nous entraîner dans l'abime.

Nous l'avons déjà dit: la constitution des corporations industrielles fondée par nos pères, doit nous servir de modèle, non pas que nous voulions calquer absolument notre nouvelle organisation sur l'ancienne, mais nous devons nous inspirer du passé pour régler le présent qui, lui-même, servira de modèle au temps futur ; la fraternité doit ressaisir la chaîne des traditions dont les premiers chaînons se rattachent au berceau de la société française qui, brisée par les secousses révolutionnaires, doit cependant continuer à la diriger vers l'avenir. Mais, en reprenant la voie des traditions, il est indispensable de tenir compte des besoins nouveaux de la société, il faut qu'elle profite des immenses découvertes qu'a déjà faites et que doit faire encore l'industrie nationale, en détruisant le mauvais effet que leur fausse application a produit.

« Le premier soupir de l'enfance
» est pour la liberté. »

LAROCHEFOUCAULT.
(Réflexions et maximes.)

Nous avons reconnu que l'association est le palladium derrière lequel la société doit chercher la paix et le remède à ses maux.

Cherchons maintenant sur quelles bases on pourrait établir ces associations.

Pour porter tous ses fruits, l'association doit être libre et sans contrainte, chacun ayant le droit de jouir de sa liberté comme il lui convient.

Les réglemens de la police intérieure des associations doivent émaner d'elles ; « il n'ap-
» partient qu'à ceux qui s'associent de régler
» les conditions de la société. » (*J. J. Rousseau. Contrat social, chap. IV, de la loi.*) Cependant

comme le but de l'association est une tendance vers l'unité sociale, la représentation nationale étant le résumé de la nation, l'expression de la volonté de tous, une loi sage, bienveillante et juste, émanée d'elle, devrait les conduire toutes. Si, dans des prévisions d'avenir, des capitalistes ou des fabricans prudens voulaient s'associer avec des travailleurs, le capital avancé par eux serait porté à leur crédit et garanti sur le budget; la rente et l'amortissement leur serait payés comme il sera dit ci-après. Ils auraient en outre beaucoup de chances, selon leurs capacités, aux élections des conseils de gérance, des conseillers des groupes et des directeurs des travaux.

Mais si l'égoïsme et l'aveuglement des intérêts mal compris tanaient les propriétaires en dehors des associations, l'état, ce protecteur né de tous les intérêts et dispensateur de la force et de la fortune publique, devrait fournir aux ouvriers les moyens de travail que le mauvais vouloir des autres leur refuserait.

Alors l'état ouvrirait un emprunt, garanti sur le budget, dont l'intérêt et l'amortissement seraient payés par les sociétaires auxquels l'état aurait remis le montant de l'emprunt et on pourrait dès lors faire l'application du principe. Pour le début, après avoir choisi des ouvriers laborieux, intelligens, moraux et amis de l'ordre et de la fraternité, on en formerait une association dans le sein de laquelle on élirait un conseil ou comité d'un nombre de membres déterminé. Un réglement serait accepté et la durée de l'association fixée à trente ans par exemple.

L'association ayant besoin de fonctionner, de faire l'application des facultés qui lui sont propres et de s'instruire chaque jour par l'expérience et la pratique des choses, exploiterait d'abord une seule industrie, et formerait ainsi le premier groupe.

Au fur à mesure que la possibilité s'en présenterait, à côté du premier groupe il pourrait s'en former de nouveaux, d'états différens.

Chaque groupe aurait son directeur de travaux, choisi par le conseil; d'accord avec le groupe, le gérant, les conseillers et les directeurs des travaux seraient payés au mois ou à la journée; les traitemens seraient fixés selon les règles de la justice. Tous les autres ouvriers travailleraient aux pièces ou à la journée, quand le cas ou la nature de l'industrie le permettrait; les prix ne seraient ni plus ni moins élevés que dans les ateliers des particuliers.

Il serait adjoint au conseil, un délégué de chaque groupe, élu et révoquable par le groupe lui-même. Tous les groupes seraient solidaires et ne formeraient qu'une seule association dont le conseil de gérance et les délégués des groupes sont à la tête, et les groupes, le corps et les membres.

Chaque groupe aurait aussi son comité (prud'hommes), composé d'un nombre de membres voulu. Ces comités pourraient vérifier la qualité des matières et des produits, juger les contestations; ils recevraient l'argent du conseil de gérance et auraient de fréquens rapports avec lui.

Des registres exacts seront tenus ; l'ordre et la clarté doivent régner dans les comptes des conseils de gérance et dans les opérations de chaque groupe.

A la fin de chaque année, les dépenses et recettes seront balancées, et des bénéfices généraux on fera quatre parts : la première, presque toujours inégale aux autres, paiera l'intérêt de l'argent avancé à la société et des actions qu'elle aura délivrées ; la seconde restera comme fonds de secours à accorder aux sociétaires ; la troisième sera le fonds d'amortissement ou de remboursement du capital avancé ; et la quatrième sera répartie sur tous les associés par fractions égales.

Afin de bien habituer les hommes aux sentimens de la fraternité, une retenue de 1 0/0 serait exercée sur tous les salaires ; elle formerait une caisse destinée à créer de nouveaux groupes autour des autres et à étendre ainsi indéfiniment les associations.

Si un groupe, sans causes majeures, était à charge à la société, le conseil de gérance, aidé des délégués, aviserait à son sujet, soit en supprimant sa part de bénéfice, soit par tout autre moyen.

Les membres de tous les groupes seraient liés par l'intérêt et la fraternité : les ébénistes prendraient leurs chaussures des cordonniers, et ceux-ci leurs meubles des ébénistes. Chaque groupe deviendrait ainsi le client des autres groupes et chacun trouverait son avantage dans l'intérêt de tous.

Le conseil de gérance pourrait acheter en gros, outre les matériaux propres aux travaux, les alimens et les boissons les plus indispensable à la vie, tels que légumes, farines, fruits, vin, et fournira à chaque associé, au prix de revient, ce qui lui sera nécessaire pour sa consommation ; le montant de ces objets serait retenu sur le salaire de la semaine.

Le travail et l'économie produisant l'aisance, chaque associé qui aurait réalisé une somme déterminée pourra la verser dans le sein de la société qui délivrera des actions à cet effet.

Tout membre serait toujours libre de cesser de faire partie de la société; s'il est porteur d'actions, on les lui reprendra, et son argent lui sera rendu intégralement, mais il aura pour lors perdu tout droit au secours et au fond social de tous.

La société pourra toujours s'adjoindre de nouveaux membres. Le membre nouveau dans la société, qui aurait travaillé peu de mois au profit de tous, ne recevrait dans sa première participation aux bénéfices que la part qui lui serait due légitimement.

Si les travaux de l'association ou de quelques groupes étaient en souffrance, si des bras étaient inoccupés, les plus nouveaux associés ou ceux qui pourraient le plus facilement se procurer de l'ouvrage ailleurs, se retireraient momentanément de l'atelier commun. Ils ne recevraient plus leur salaire de la société, mais ils auraient toujours droit aux secours fraternels et aux bénéfices, pourvu qu'ils fussent toujours prêts à revenir travailler au sein de l'association dès qu'elle les appellerait.

Si les travaux étaient en souffrance, non seulement au sein d'un groupe, mais encore partout où l'on professerait la même industrie, s'il n'était possible d'occuper ces bras dans l'agriculture ou autre part, le groupe réduirait les heures de travail de tous les membres, afin que sa souffrance fut allégée en la partageant entre tous fraternellement; les fonds de secours pourraient encore, après délibération expresse, venir en aide aux plus nécessiteux.

Chaque membre est toujours libre de se retirer de l'association; par la même raison et pour que les droits soient réciproques, le conseil de gérance, uni aux délégués des groupes et aux conducteurs de travaux, pourra exclure celui des associés qui ne marcherait pas dans les principes moraux et fraternels de l'association.

Les associés sont payés aux pièces ou à la journée; chacun reçoit selon sa force et sa capacité; ce n'est qu'aux bénéfices généraux de l'année que chacun prend une part égale.

L'estimation du travail et l'examen de la capacité des ouvriers serait dans les attributions des comités de chaque groupe.

Quand la société en aura les moyens, des pensions seront votées aux vieillards et aux invalides qui auront usé ou brisé leurs forces en travaillant pour elle. De plus la femme ou les enfans, ou le père ou la mère d'un membre mort au service de la société, recevraient un secours quand la gérance et les délégués en auraient ainsi décidé.

Tous les dimanches, chaque comité réunira ses membres; tous les mois il y aura réunion du conseil de gérance et des délégués des groupes. Tous les trois mois, les membres de tous les comités particuliers se réuniront au conseil de gérance, et, au bout de chaque année, il y aura une réunion générale et où, après le partage des bénéfices, on célébrera une fête de famille pour mettre à l'unisson l'âme, le cœur et le moral de tous les associés.

En cas de dissolution de la société, le premier remboursement échoit de droit aux actionnaires et aux commanditaires. Le surplus du fonds social sera réparti entre tous les associés selon le nombre d'années qu'ils auront travaillé au profit de l'association.

La société peut aussi prolonger sa durée au-delà du terme fixé, d'abord si les circonstances sont favorables et si les lois de l'avenir veulent le permettre.

Le réglement d'une société n'est point irrévocable; la gérance et les délégués seront toujours libres d'en modifier les articles, excepté ceux qui regardent les commanditaires, à moins qu'ils ne soient d'accord avec eux.

S'il devenait nécessaire d'apporter des changemens dans le conseil de gérance, soit par suite de décès ou pour tout autre motif, on devrait recourir à l'élection par le suffrage universel de la société. Mais les candidats devraient être proposés par les comités des groupes, les délégués et les membres restant du conseil de gérance.

Aucun article du réglement ne pourra être retranché, ni ajouté, ni modifié, qu'à la majorité des trois quarts des membres du conseil de gérance et des délégués des groupes.

Cet article, extrait presque tout entier d'un projet de réglement écrit en mars 1847 par M. Agricole Perdiguier, ouvrier menuisier, auteur de plusieurs ouvrages et actuellement député à l'Assemblée nationale, ne nous paraît pas avoir besoin de commentaires. Il résume à peu près tout ce qu'on peut faire de raisonnable en ce moment pour l'ouvrier; ce projet, s'il était mis à exécution, nous paraît avoir tant de chances de réussite que nous n'hésitons pas à dire qu'avant peu il aurait produit d'excellens résultats.

Il ferait cesser la dégradante exploitation de l'homme par l'homme, chasserait peu à peu la misère, tout en respectant, en consolidant même la position de chacun et en plaçant chacun dans sa sphère.

En plaçant l'ouvrier sous la surveillance immédiate et éclairée d'hommes capables et librement choisis par lui, il rassurerait le consommateur sur la qualité des produits lancés dans le commerce.

Détruisant par la solidarité les mauvais

effets de l'égoïsme, l'intérêt personnel deviendrait un lien de plus pour rapprocher les hommes, et la sollicitude d'un groupe envers l'autre détournerait la banqueroute, cette plaie de notre société.

La réalisation de ce projet offrirait aux travailleurs la garantie aussi complète que possible de l'existence par le travail, et du bien-être par la prévoyance et l'économie. L'homme n'étant plus tout-à-fait à la merci de son semblable ou des évènemens, il serait possible, dès lors, que les législateurs travaillassent efficacement à son amélioration morale par l'instruction. Le père, pouvant se passer du travail de son enfant, ne pourrait plus le détourner du chemin de l'école pour lui faire prendre celui de la fabrique où il vient. Suivant l'expression de Louis-Blanc : « vendre » son corps et son âme pour quelques liards » ajoutés au salaire paternel. »

Une bonne loi sur l'instruction primaire et la volonté de la faire exécuter, viendrait ouvrir la voie des écoles spéciales et professionnelles, viendrait ensuite compléter le système de l'égalité, qui, selon M. Michel Chevalier, signifie : « que l'état doit à touts les intérêts » un égal appui, une égale sollicitude, qu'il » est tenu de protéger les champs de celui-ci, » les rentes de celui-là, le travail de ce troi- » sième qui n'a ni champs, ni rentes, c'est- » à-dire aussi que par l'éducation, l'état doit » préparer les hommes à être utiles à la » société et à eux-mêmes, que l'éducation doit

» avoir pour but de rechercher partout, dans » les hameaux comme dans les cités, sous le » chaume et les haillons comme sous le toit » de l'opulence, les natures supérieures dont » la société a besoin pour que ses affaires soient » bien conduites. »

(*Journal des Débats*, 21 août 1844.)

C'est l'application des conséquences de ce principe que nous proposons de chercher dans l'association au sein de laquelle l'usage complet de la liberté, l'habitude des sentimens fraternels compléteraient la réalisation de la devise sous laquelle la nation française vient de placer son sort futur, et qui, propagée par elle, doit enfin réunir tous les hommes dans une même famille.

Travailleurs, là est la voie qu'il faut suivre pour arriver à votre totale émancipation.

Si, jusqu'à présent, la vie ne fut pour vous qu'un lourd fardeau, vous pouvez croire, avec raison, que cela tenait à votre isolement et à votre exclusion de toute participation aux affaires publiques.

On s'obstinait à faire sans vous des lois qui pouvaient par cela même être contre vous.

A toutes vos plaintes on répondait : Attendez ! Eh bien, aujourd'hui vous ne devez plus attendre et l'on ne doit plus, on ne peut plus vous dire : Attendez. Une bonne répartition des charges publiques vous intéresse plus vivement, vous qui prélevez votre part d'impôt sur vos salaires, que le capitaliste qui les prélève sur son superflu.

Un code de morale publique, religieusement respecté, vous intéresse plus vivement, vous qui gagnez votre vie à la sueur de votre front, que le fripon de bonne compagnie qui joue à la bourse.

Le maintien de la paix vous intéresse plus vivement, vous que la conscription arrache à vos travaux, à votre famille, pour vous envoyer verser votre sang à la frontière, que le banquier, qui, pour quelques écus, se fera remplacer dans les rangs de l'armée par un mercenaire.

De bonnes lois sur les brevets d'inventions vous intéresse plus vivement, vous à qui l'invasion brutale d'une machine dans l'atelier vient enlever votre pain et celui de votre famille, que le fabricant pour qui cette même machine n'est qu'un moyen d'écraser ses rivaux et d'enfler sa fortune.

L'anéantissement de toutes causes de troubles vous intéresse plus vivement, vous à qui toute suspension d'ouvrage enlève les moyens de vivre, que le grand propriétaire qui peut tranquillement attendre que les baïonnettes en aient fini avec l'émeute.

Une législation douanique, sagement conçue, vous intéresse plus vivement, vous qu'une crise commerciale réduit à la faim et au désespoir, que le spéculateur effronté qui fait fabriquer au rabais et emmagasine les produits pour les écouler plus tard avec avantages et réaliser ainsi sur les calamités publiques d'énormes et de scandaleux bénéfices.

En un mot la destruction des abus intéresse plus vivement ceux qui en souffrent que ceux qui en profitent.

D'où vient donc que vous laisseriez aux autres le soin de régler toutes ces choses ?

D'où vient qu'ayant le droit de choisir vous-mêmes ceux qui doivent vous gouverner, vous abandonnez l'exercice de ce droit qui est votre sauvegarde ?

Serait-ce déjà le fruit des mécomptes et de quelques déceptions ?

Mais ce serait vous trahir vous-mêmes !

Ce serait ne pas comprendre le devoir que vous trace pratiquement l'intérêt de la cause démocratique qui est la vôtre.

Gardez-vous surtout de l'indifférence en matière d'élection.

Abandonner l'exercice de vos droits, c'est risquer de les perdre; les perdre, c'est éterniser la cause de vos maux.

Vouloir, c'est pouvoir; veuillez donc et le patriotisme, la capacité et la moralité seront les bases du gouvernement.

Et vous aurez le droit de dire à vos législateurs : préparez-nous un avenir plus heureux ! La restauration des finances et la stabilité dans les lois, doivent surtout fixer votre attention; chacun sent la nécessité de régler promptement ce qui regarde le premier article. Il est bien temps aussi que l'on sache à quoi s'en tenir sur le second; il est temps que le droit de propriété cesse d'être incertain. La garantie des possessions peut seule faire fleurir l'agriculture et l'industrie; attachez, par la jouissance paisible, les citoyens à la patrie qui les protège. Faites enfin de l'amour de la République la souveraine passion des cœurs.

Le meilleur gouvernement serait celui où tout se ferait par habitude, par éducation, et non par des préceptes variables; celui en un mot où il y aurait le moins à faire pour les gouvernans. Mais l'erreur de la plus part de ceux qui sont à la tête des affaires, est de croire qu'ils seraient des êtres inutiles, et que les choses n'iraient pas, si en tout lieu et à toute heure on ne sentait leur influence, leur action immédiate. La tolérance universelle et la sobriété dans l'émission des lois sont le plus sûr moyen de rendre le peuple satisfait et d'éviter les révolutions.

Permettez tout ce qu'il est possible de permettre sans briser le lien de la société, ou ne dites pas que vous voulez être libre. En cet état de choses, il y aura peut-être quelqu'effervescence dans les commencemens, mais peu à peu chacun prendra l'assiette qui lui convient, et bientôt le corps social n'en sera que plus uni, plus compacte, parce que vous aurez substitué le lien de la nature au lien artificiel de la loi.

Charleville, 23 août 1848.

« Il est dans la vie des nations, des
» évènemens qui les renouvellent.
» Dieu les décide, et le peuple les
» accomplit.
» CHAPUY-MONTLAVILLE, député. »

UN MOT SUR MOI.

J'étais au service quand la révolution de 1830 éclata : jusques-là je m'étais peu rendu compte de mes sympathies; mais au bruit de la grande victoire du peuple, mon cœur tressaillit, et le souvenir des récits pleins de gloire qu'on m'avait fait de notre première révolution, vint se retracer à ma mémoire. Les dévouemens héroïques, les actions resplendissantes de grandeur et de désintéressement qu'avait enfanté la République, m'avaient profondément ému; les sacrifices glorieux que l'amour de la patrie et de la liberté avait su obtenir de tous, me parurent encore plus sublimes. Plus d'une fois, des larmes mouillèrent mes yeux au souvenir des dévouemens du *Vengeur* et des jeunes et immortels Barra et Agricole Viala !!

J'admirai les vaillantes légions républicaines qui, manquant de tout, n'ayant ni vêtemens, ni chaussures, ni solde, ni pain quelquefois, étaient satisfaites et poussaient de longues acclamations, lorsqu'au lieu des convois attendus, arrivait un décret de la Convention déclarant qu'elles avaient bien mérité de la patrie.

Ces souvenirs des premières passions de ma

jeunesse impressionnèrent profondément mon âme : je me disais qu'une telle splendeur de patriotisme n'avait pu être enfantée que par la vérité, et je me sentais capable de devenir le fils de cette forte race de la République, au sein de laquelle les enfans même n'attendaient pas l'âge d'homme pour s'immortaliser, et je m'écriais : moi aussi, je serai républicain.

Cherchant à me rendre compte des causes qui avaient pu rendre inutiles les efforts surhumains faits par nos pères pour s'affranchir et neutraliser les résultats de tant de gloire et de dévouement[1], la réflexion, née de l'étude de cette période de notre histoire, m'amena à comprendre que les révolutions ne s'improvisent pas, et que malgré leur puissance de volonté, les hommes d'alors n'étaient pas dans les conditions providentielles voulues, et que l'émancipation du genre humain ne pouvait être que le résultat de l'éducation et de l'amélioration morale des masses.

Pour eux, d'ailleurs, en manquant le but qu'ils ne pouvaient atteindre, ils n'avaient pas entièrement échoués sous les secousses terribles dont ils avaient ébranlé la société ; la royauté avait perdu tout son prestige ; la noblesse et le clergé tous leurs privilèges ; la voie de la liberté d'examen et de discussion était ouverte et devait mener les nations à leur délivrance. Ils avaient de plus montré au monde que la liberté est le pain que les peuples doivent gagner à la sueur de leurs fronts. Leur exemple ne pouvait être perdu pour l'humanité. Le peuple de juillet l'avait compris, et sur les barricades, 1830 venait de recueillir l'héritage de 1789!

Un instinct providentiel remua la nation dans ses profondeurs, et la détermina à se mettre en possession de sa pleine puissance.

Avant de déléguer de nouveau son autorité, elle l'exerça elle-même.

La charte fut déchirée et la dynastie proscrite!

Le peuple avait été grand et généreux : la révolution qu'il venait d'accomplir était légitime, légale, nécessaire et surtout éclatante de modération ; il méritait d'être libre. Il crut, en confiant à un souverain la gloire de gouverner un peuple aussi magnanime, qu'il ne pourrait le trahir ; un instant il crut à la charte vérité.

Je dois être vrai, la nouvelle dynastie obtint d'abord de moi beaucoup de sympathie, l'auréole des trois jours qui l'environnait m'avait ébloui, mais l'illusion ne fut pas de longue durée. Le mouvement rétrograde imprimé par Louis-Philippe à la révolution de juillet, eût bientôt dissipé mon erreur, et je vis que le trône qu'on nous avait promis d'entourer d'institutions républicaines, n'en était pas moins un trône, et je dis avec notre Béranger :

« Le peuple toujours se confie aux rois qui se ressemblent tous. »

Nourri à l'école démocratique, qui commença dès lors l'opposition, sous laquelle devait succomber plus tard la monarchie avilie et corrompue, je suivis d'un regard méfiant le pouvoir et ses actes, sans jamais prendre part aux tentatives qui essayèrent de le renverser ; je n'en appelais pas moins, de tous mes vœux, le moment de la délivrance, et si mon obscurité m'empêcha de lui être très-utile, je n'en aidai pas moins de tout mon pouvoir la réforme électorale, ce levier puissant avec lequel nous avons renversé un trône, et que M. Thiers disait être « un canon braqué contre la royauté. »

A ceux qui, plus exaltés que moi, me demanderont pourquoi, avec des convictions aussi profondes que celles que j'accuse, je me suis toujours tenu en dehors des mouvemens qui pouvaient avancer la réalisation de mes désirs, je répondrai que j'ai toujours pensé qu'il y avait folie à vouloir pousser les hommes hors des voies progressives que la nature les a astreints à parcourir ; que ces efforts impuissans ne peuvent être que des obstacles mis en travers la route ; que d'ailleurs il n'est pas, que je sache, permis à qui que ce soit de corriger le genre humain en le détruisant, et qu'il y a crime à vouloir faire accepter par force sa croyance, fût-elle l'évangile même.

J'ai déjà eu occasion de le dire ailleurs, je suis de ceux qui, résignés à une initiation lente et progressive et qui, contens de voir les hommes suivre la bonne voie, ne veulent pas essayer de les faire arriver au but un jour plus tôt, au risque de les voir se briser contre.

J'ai toujours considéré la monarchie constitutionnelle comme une position transitoire par où devait passer la société pour se préparer à sa régénération complète et définitive. Vouloir la renverser avant que sa mission ne fut achevée, c'était préparer la place à une autre, et voilà tout ; il valait donc mieux lui laisser finir sa carrière et seulement l'abréger en montrant aux hommes le chemin de la justice, l'aurore du jour qui devait éclairer la destruction des abus, le triomphe du droit commun et l'abolition des derniers priviléges.

Les bassesses du pouvoir qui cherchait, à force de courbettes et de platitudes, à obtenir de rois absolus de l'Europe le pardon de son origine révolutionnaire, la corruption profonde sur laquelle il cherchait son appui, achevèrent l'œuvre commencée par l'opposition : le grand jour arriva.

La République française qui, un mois plus tôt, aurait été déclarée une utopie irréalisable, fut proclamée le 24 février 1848; ce nom magique retentit par toute la France et partout trouva de l'écho ; ses ennemis terrifiés ne se sentaient pas assez de courage pour lui opposer de résistance, sa proclamation ne rencontra aucun obstacle, et on eût pu se croire autorisé à penser qu'elle était définitivement établie en France.

Les partisans de la royauté ou plutôt les partisans des priviléges qu'elle leur conférait, baissèrent d'abord la tête, honteux et confus. Regrettant ce qu'ils n'avaient pas eu le courage de défendre, ni l'habileté de conserver, ils restèrent un moment dans l'ombre, épiant le moment favorable pour ressaisir, par la ruse, ce que la force leur enlevait. A la force du lion populaire, ils opposèrent la finesse du serpent de la cupidité ; dépouillant le vieil homme, ils retournèrent leurs habits, et se mirent à crier : Vive la République! Ces ennemis les plus déclarés, ceux qui avaient toujours repoussé opiniâtrement jusqu'aux moindres réformes, crièrent plus fort que tous les autres ; tous étaient les amis et les serviteurs de ce peuple qui avait tout fait, à qui on devait tout et pour lequel on ne pouvait jamais assez faire.

Ce changement était trop prompt pour être sincère et, sous la patte qui caressait le vainqueur, les hommes sensés sentirent la griffe ; pour les vrais démocrates, l'heure du repos n'était pas venue, c'était peu d'avoir le mot, ils voulaient avoir la chose : au mensonge d'un trône environné d'institutions républicaines, ils ne voulaient pas laisser substituer celui d'une République environnée d'institutions monarchiques.

C'était donc bien plutôt pour eux l'heure de la lutte, lutte pacifique du reste, où la raison et les idées devaient seules triompher du mauvais vouloir. De quoi s'agissait-il, d'ailleurs ? De faire comprendre au peuple l'importance du droit que pour la première fois il était appelé à exercer ; de le prémunir contre les roueries des caméléons politiques, à qui rien ne répugne pour arriver à leurs fins, et qui, sans hésiter, se donneraient cent maîtres pour avoir *un esclave*. Il s'agissait enfin, sans prétendre, comme on les en a accusés, former une assemblée d'une seule couleur, de faire que l'élément démocratique y soit en majorité.

Dans ces circonstances, je crus qu'il était de mon devoir d'entrer en lice, et de me mettre en évidence ; le moyen de faire comprendre au peuple l'excellence du principe républicain était d'en faire l'application sous ses yeux.

J'osai, moi, pauvre et ignoré, prétendre à l'honneur de la représentation nationale.

J'espérais, tout en laissant une large place à la capacité et au génie, voir surgir plusieurs ouvriers parmi les 40 mille qui composent une grande partie de la population de notre département.

Afin que tous les intérêts soient respectés à l'Assemblée constituante (car j'ai le malheur de croire une révolution sociale indispensable), j'aurais désiré y voir tous les intérêts représentés par eux-mêmes, qu'ils y soient par leurs propres organes.

Je croyais l'énergie des hommes du peuple nécessaire pour aider et soutenir ceux qui voudraient faire tout ce qui serait possible de faire. Je croyais qu'il était bon d'envoyer à l'Assemblée des hommes ayant des idées saines, l'esprit d'ordre, et mûris par l'expérience de la souffrance et du malheur.

Et j'ai dit à la bourgeoisie : Entendons-nous, ne dépensons pas en luttes inutiles des forces qui peuvent être utiles à la patrie ; vous n'avez pas descendu, mais nous avons grandi ! D'inférieurs politiques, nous sommes devenus vos égaux ; et ces égaux ce sont des frères qui vous tendent la main.

Et la bourgeoisie me fit amitié jusqu'au

25 avril ; mais la réaction tramait dans l'ombre. N'osant pas m'attaquer ouvertement, elle me discrédita, on répondit à mes avances par des calomnies ; c'était une manière de m'écraser, moins retentissante, mais plus sûre; elle remplissait mieux le but; tout en laissant vivre l'individu, ils avaient tué sa pensée.

Je me trompe, cependant, près de douze mille suffrages sont venus me prouver que mes idées avaient été comprises. Merci à ceux qui ont eu confiance en moi !

Est-ce pour me faire expier cette belle minorité que j'ai été poursuivi avec tant d'acharnement, que pour me nuire on a mis en jeu tant de ressorts ?

En vérité, malgré toute ma modestie, je ne puis m'empêcher de croire que ces hommes me considéraient comme très à redouter pour leurs projets, s'ils ont pu attacher autant d'importance à ma perte.

Si j'avais voulu me rallier aux réactionnaires momentanément habillés en républicains, je ne serais pas un *démagogue* ; si j'avais voulu les aider à tronquer la République, ils m'eussent trouvé très-bon *patriote* ; si j'avais voulu être complice de leurs projets liberticides, ils ne m'auraient point traité d'*insurgé*. Mais je les défie, je défie tous ceux qui m'ont calomnié de m'imputer, avec preuves, aucune parole, aucun fait qui ne soit tout à la fois dans les principes de la modération et de la justice, et dans ceux du civisme le plus ardent.

Je puis donc le dire, j'ai été en butte aux

attaques de toutes sortes, mais jamais aucun n'a allégué la plus légère preuve de ses assertions.

Je conçois que des hommes dont le métier est de calomnier, à tant la page, des écrivains faméliques de la réaction, aient pu me poursuivre : il fallait plaire à ceux qui les paient et gagner leur argent.

Je conçois que l'ambitieux, pour accrocher une place, rampe devant celui qui les donne, prince ou sans-culotte. Mais que j'aie pu devenir l'ennemi de ceux à qui j'ai cherché d'être utile, c'est ce que je ne puis comprendre.

Moi dont la plus grande ambition serait de pouvoir préserver le peuple du pouvoir absolu, moi qui ne craindrais point de flétrir du titre de criminel celui qui surprendrait la confiance de ce peuple pour le ramener sous le joug, je ne puis être l'ami de ceux dont le but actuel est de persuader au peuple qu'on peut vivre heureux sous des maîtres qui s'attachent à lui faire redouter la République. Grâce à eux et à leurs manœuvres, il ne sait déjà plus ce que c'est que la liberté, ni les droits de l'homme, ni la haine des tyrans. C'est un rôle infâme qu'ils jouent ; être leur victime est un sort très-honorable, et mon honnête misère, qu'ils ont osé me reprocher, est ma consolation et mon plus beau titre. Homme libre avant tout, on ne me verra jamais échanger contre un peu d'or, ma conviction ni mon indépendance.

Voyons, maintenant que tout le monde est

Républicain ; quels sont les vrais amis de la royauté, sinon ceux qui s'efforcent de la faire regretter par tous les moyens en leur pouvoir? Quels sont les vrais ennemis de la République, sinon ceux qui cherchent à la rendre haïssable ?

Les mots ne sont rien pour le peuple, c'est le bonheur qu'il lui faut. S'il est malheureux sous un gouvernement qui se dit républicain, il demandera la monarchie. Si on lui persuade qu'une République n'est autre chose qu'un pays d'abnégation perpétuelle, de privations sans nombre ; que c'est à elle qu'il doit s'en prendre de tous les maux qu'il endure, et que ceux qui la veulent sincèrement sont des anarchistes, des brigands, auxquels tôt ou tard il ne peut échapper, il demandera la monarchie. C'est le vœu de ceux qui sont les vrais auteurs de la situation.

Telle est, cependant, la fausse et malheureuse idée qu'on est parvenu à donner à la plupart des Français ; observez-les, surtout dans les campagnes, vous verrez que chacun a formé tacitement dans sa tête, deux classes distinctes de ses concitoyens ; dans l'une, il range tout ce qu'il y a d'êtres paisibles, doux, faciles, aimant l'ordre et la régularité de mœurs, et c'est pour lui les monarchiques ; dans l'autre, il comprend tout ce qui s'est armé de l'insensibilité, de l'effronterie, de l'impudeur, de l'impiété, et c'est là ce qu'il entend par républicains.

Et voilà pourquoi il se révolte intérieurement contre ce qu'on lui dit être une République; c'est qu'on le trompe. Ce qu'on lui dit être une République, lui offre précisément tous les vices d'une monarchie, et, se faisant de celle-ci une idée diamétralement opposée, il lui attribue tous les avantages qui n'appartiennent qu'à la première.

Ainsi le peuple essentiellement républicain, semble soupirer après la royauté, lorsqu'il ne fait que s'agiter pour trouver une situation meilleure, pour jouir des avantages que le pacte républicain lui avait promis. Mais on ne parviendra jamais à le démoraliser assez pour l'arracher à son instinct, à cet instinct par lequel il sent qu'il existe en lui un principe antérieur à toutes les institutions humaines: celui de la bienveillance réciproque, ce sentiment qui le fait participer par sympathies au bonheur et aux maux de ses semblables.

Il sent que si ce principe, qui est la loi naturelle même, cessait d'exister, la société serait sur-le-champ dissoute; il sent que c'est à cette base que toutes les lois positives doivent se rattacher comme à leur racine, et que leur véritable objet est de rendre ce principe plus efficace par la sanction des conventions et des coutumes. Le législateur qui perd ce point de vue marche à l'aventure; il va directement contre son but; il énerve ce principe en lui substituant le système de l'isolement et de l'égoïsme, car l'égoïsme est précisément le système et le principe des distinctions, de la domination de la monarchie, et celui de la bienveillance réciproque est au contraire celui de l'égalité naturelle, celui de qui émanent les lois fondamentales de la véritable liberté; celui qui met la sûreté et la propriété de chaque individu sous la sauvegarde de tous les autres, en un mot c'est le véritable principe de la République.

Le but social de la République peut se résumer dans ce précepte du sublime et doux législateur des chrétiens : Aimez-vous les uns les autres ! Tout est là. Si chacun de nous aimait sincèrement son prochain, l'injustice serait bannie de la terre, et la paix régnerait partout; nul parmi nous ne songerait à se défendre, car c'est l'attaque ou la peur de l'attaque qui produit la défense.

Mais il n'en est point ainsi malheureusement parmi les hommes, il y a plus de crainte, de mépris et de haine, que de confiance, de considération et d'amour.

L'humanité se trouve aujourd'hui dans un faux milieu; elle aspire à des destinées plus pacifiques et plus fécondes; elle travaille à extirper de son sein tous germes de lutte et de déchirement.

C'est l'espoir de pouvoir lui être utile dans ce travail laborieux qui m'a mis la plume à la main. En cherchant les moyens d'établir l'ordre et la justice dans les relations industrielles, mon intention n'a pu être d'exciter les pauvres à la guerre contre les riches. En rappelant les misères du peuple, j'ai voulu faire comprendre à ceux qui les ignoraient que leur propre intérêt doit les engager à les faire cesser.

J'ai voulu ajouter les accens de ma faible voix aux voix retentissantes qui, déjà, ont plaidé cette cause si juste. Si j'ai pu persuader quelqu'incrédule, dissiper quelques ténèbres, je serai bien payé de mes peines. Si mes vœux sont impuissans, s'il faut encore repousser l'espérance d'un meilleur sort, je répéterai la prière des Spartiates : O Dieux ! faites que nous puissions supporter l'injustice !!!

Quoi qu'il en soit, j'ai rempli mon devoir en signalant l'urgence des réformes qui se préparent ; bien des plumes éloquentes se sont occupées de ce sujet, et je veux, avant de finir, citer ici les paroles d'un compatriote, M. Michelet, penseur saintement animé de l'amour de la France et que son vaste savoir d'historien a porté à l'une des chaires les plus importantes de l'enseignement public. Il dit, dans un ouvrage consacré à préparer la révolution qui vient de s'accomplir et en parlant de la situation :

« Je vois la France baisser d'heure en heure,
» s'abîmer comme une Atlentide; pendant que
» nous sommes-là à nous quereller, ce pays
» s'enfonce.

» Qui ne voit, d'Orient et d'Occident, une
» ombre de mort peser sur l'Europe, et que
» chaque jour il y a moins de soleil, et que l'I-
» talie a péri, et que l'Irlande a péri, et que la
» Pologne a péri.... et que l'Allemagne veut
» périr!... O Allemagne! Allemagne!

» Si la France mourait de sa mort naturelle, » si les temps étaient venus, je me résignerais » peut-être ; je ferais, comme le voyageur sur » un vaisseau qui va sombrer, je m'envelopperais la tête et me remettrais à Dieu... Mais la » situation n'est pas du tout celle-là, et c'est là » ce qui m'indigne : notre ruine est absurde, » ridicule, elle ne vient que de nous. Qui a une » littérature, qui domine encore la pensée européenne ? Nous tous. Affaiblis que nous sommes, qui a une armée ? Nous seuls.

» L'Angleterre et la Russie, deux géans faibles et bouffis, font illusion à l'Europe : » grands empires et faibles peuples ! Que la » France soit une un instant, elle est forte » comme le monde.

» La première chose, c'est qu'avant la crise, » nous nous reconnaissions bien, et que nous » n'ayons, comme en 1792, comme en 1815, à » changer de front, de manœuvre et de système en présence de l'ennemi.

» La seconde chose, c'est que nous nous fiions » à la France, et point du tout à l'Europe.

» Enfans, enfans, je vous le dis : montez sur » une montagne, pourvu qu'elle soit assez » haute ; regardez aux quatre vents, vous ne » verrez qu'ennemis. Tâchez donc de vous entendre : la paix perpétuelle, que quelques-uns » vous promettent (pendant que les arsenaux » fument ! Voyez cette noire fumée sur Cronstadt et sur Portsmouth), essayons, cette paix, » de la commencer entre nous. Nous sommes » divisés, sans doute, mais l'Europe nous croit

» plus divisés que nous ne sommes. Voilà ce » qui l'enhardit; ce que nous avons de dur à » nous dire, disons-le : versons notre cœur, ne » cachons rien des maux, et cherchons bien les » remèdes.

» Un peuple! une patrie! une France!... Ne » devenons jamais deux nations, je vous prie.

» Sans l'unité, nous périssons. Comment ne » le sentez-vous pas? »

Français de toutes conditions, de toutes classes, de tous partis, n'oublions pas qu'en ces jours de régénération, nous avons tous besoin les uns des autres. Prêtons-nous un mutuel appui.

Les gouvernemens qui se sont succédé nous ont légué, en partant, un funeste héritage de dissentions intestines et d'antagonisme des intérêts. Que la sagesse du gouvernement et les efforts de tous les citoyens s'unissent pour l'anéantir à jamais.

Nous avons à combattre des préjugés enracinés, des préventions opiniâtres, à concilier des intérêts aveugles ; réunissons nos efforts, et armons-nous de patience, nous vaincrons les uns et nous éclairerons les autres, et à côté de l'unité religieuse fondée par le Christianisme de l'unité politique, proclamée par la République, la raison établira l'unité sociale.

FIN.

www.ingramcontent.com/pod-product-compliance
Lightning Source LLC
LaVergne TN
LVHW020411230826
846091LV00004B/1239

* 9 7 8 2 0 1 2 9 8 5 3 6 0 *